PUEDES
CONTAR
CON DIOS

MAX LUCADO

PUEDES CONTAR
CON DIOS

100 Devocionales *para niños*

Adaptación para niños por:
TAMA FORTNER

GRUPO NELSON
Desde 1798

UNA CARTA DE MAX

Hola, amigo:

Tengo una pregunta para ti: ¿con quién cuentas tú?

Cuando te asustas, ¿con quién cuentas para que te ayude a superar tu miedo?

Cuando alguna persona hiere tus sentimientos, ¿hay alguien a quien acudas?

O cuando te sucede algo asombroso y quieres saltar y dar un gran grito de alegría, ¿con quién lo quieres celebrar?

Quizá hayas respondido: con tus padres, hermanos, hermanas, abuelos, amigos, maestros. Respuestas estupendas. Espero que tengas personas cercanas como esas para compartir los días difíciles y también los momentos felices.

Sin embargo, realmente espero que el primero de tu lista sea tu Padre celestial. ¿Por qué? Porque, independientemente de lo que suceda en la vida, Dios quiere saber sobre eso. Él quiere compartir tus temores, tu dolor y tus alegrías. A tu Padre celestial le encanta celebrar contigo. Él es tu mejor amigo cuando estás triste y a quien puedes acudir con tus preocupaciones.

Por lo tanto, sea lo que sea que esté sucediendo en tu mundo —algo bueno, malo, feliz o triste—, recuerda siempre: puedes contar con Dios.

Eso es lo que yo hago.

Tu amigo,

Max

1

ACURRUCADO BAJO LAS ALAS DE DIOS

[Dios] Con Sus plumas te cubre, y bajo Sus alas hallas refugio.

SALMOS 91:4

¿Alguna vez has visto a una mamá pájaro cubriendo a sus polluelos con sus alas? Esa mamá pájaro estaba protegiendo a sus polluelos. Ninguna gota de agua iba a salpicarlos. Ningún viento haría que tuvieran frío. Y lo más importante, ningún enemigo iba a llevárselos. No mientras mamá pájaro estuviera allí.

Cuando el rey David era un muchacho, era pastor de ovejas y se ocupaba del rebaño de su padre. David pasaba muchos días en los campos, y probablemente vio muchos polluelos acurrucados bajo las alas de sus mamás. Quizá por eso pensó en una mamá pájaro cuando escribió sobre cómo nos protege Dios.

David sabía todo sobre protección. Como era pastor, una parte importante de su tarea era mantener a salvo al rebaño. Los leones hambrientos acechaban, esperando robar algo para comer. Y había osos salvajes a la espera de conseguir un bocadillo. Esos leones y esos osos eran mucho más grandes y más fuertes que David. La tarea de David era proteger al rebaño, pero ¿quién protegía a David?

¡Dios!

Cuando acechaba el peligro, Dios protegía a David igual que una mamá pájaro cubre a sus pequeños con sus alas. Sin embargo, las alas de Dios no son hechas de plumas. Son constituidas por su fuerza, su valentía y su amor. David sabía que era Dios quien lo mantenía a salvo. Por eso dijo: «El Señor... me libró de las garras del león y del oso» (1 Samuel 17:37, NVI).

Es probable que no tengas que enfrentarte a un oso en el patio de tu casa ni a un león en el comedor de la escuela. Pero podrías tener un oso en forma de examen importante que te preocupa, o tal vez el león que te da miedo es encontrar a alguien con quien sentarte en una escuela nueva. En cualquier cosa que estés enfrentando, recuerda que Dios protegió a David. Puedes confiar en que Él te cubrirá a ti también con su fuerza, su valentía y su amor.

¡ES TU TURNO!

Cubre una piña con mantequilla de maní y agrégale alpiste.
Cuélgala en el exterior. Cuando veas a los pájaros disfrutar
del aperitivo, recuerda que Dios te cubre con sus alas.

2

ARRIBA, ABAJO Y A TODOS LADOS

*Los cielos proclaman la gloria de Dios, y el firmamento
anuncia la obra de Sus manos. Un día transmite el mensaje
al otro día, y una noche a la otra noche revela sabiduría.*

SALMOS 19:1-2

Si quieres saber si Dios es real, lo único que tienes que hacer es mirar arriba, mirar abajo y mirar a todos lados. Mira de cerca una brizna de hierba o una hoja en un árbol. ¿Cómo sabía de qué color debía ser? Mira todos los diminutos detalles de un copo de nieve. ¿Quién los formó? Siente el viento en tu cara. ¿Cómo sabe por qué camino soplar? Sigue a una mariposa mientras vuela flotando por el aire. ¿Quién pintó sus alas con todos esos colores? ¿Quién puso las estrellas en el cielo? ¿Quién le dijo a la luna que brillara? ¿Cómo llegaron a existir los océanos, los peces y las anémonas?

Mira arriba, mira abajo y mira a todos lados. ¡La evidencia está en todas partes! Puedes hacer un millón de preguntas, y después otro millón más, acerca del quién y el cómo. Y la respuesta a cada una de ellas es la misma: Dios.

Algunas personas dicen que el universo, la tierra y todo lo que hay en ella, incluso tú y yo, simplemente sucedieron. Fue un accidente y un misterio. Pero lo único que tienes que hacer es mirar a tu alrededor y ver que eso sencillamente no es cierto.

Dios quiere que su pueblo lo conozca a Él, de modo que plantó la prueba de que es real en cada flor y cada árbol. La integró en cada copo de nieve y la pintó en las alas de cada mariposa. Su fidelidad, su promesa de estar siempre presente, brilla entre el sol que sale cada mañana y la luna que ilumina la noche. Y su amor se asegura de que incluso el ave más diminuta tenga comida y un nido confortable.

Por lo tanto, si alguna vez te preguntas si Dios es real, si realmente se preocupa por ti, sencillamente mira arriba, abajo y a todos lados. ¡La evidencia está en todas partes! Dios es real. Dios es el Creador. Y Dios ama a su creación, especialmente a ti y a mí.

¡ES TU TURNO!

Agarra una lupa y sal al exterior. Examina una hoja, el pétalo de una flor o el ala de una mariposa. Mira tus propios dedos. ¿Puedes ver los diseños maravillosos de Dios?

3

CÓMPLICES DESPUÉS
DEL CRIMEN

Si confesamos nuestros pecados, Él [Dios]
es fiel y justo para perdonarnos.

1 JUAN 1:9

L a culpa. Apareció por primera vez en el jardín del Edén con Adán y Eva. El diablo se presentó como una serpiente y engañó a los dos para que comieran del único fruto que Dios les había dicho que no comieran. El diablo dijo que los haría ser como Dios. Mintió. (El diablo hace eso *muchas veces*).

Cuando Adán y Eva oyeron que Dios se paseaba por el jardín, supieron que habían hecho algo malo y se sintieron culpables. Fue una nueva sensación horrible para ellos, por lo que comenzaron a preocuparse. ¿Qué diría Dios cuando descubriera lo que habían hecho? Por eso, Adán y Eva huyeron, para esconderse.

Claro está que Dios los encontró y la verdad salió a la luz. Y sí, se metieron en problemas. Pero incluso entonces, Dios se ocupó de ellos. Les dio ropa que ponerse y un modo de conseguir alimento para comer. Él ya tenía un plan para limpiar su pecado.

Cuando haces cosas que sabes que son malas, lo primero que llega es la culpa. Sabías que no debías haber dicho esa mentira, que no debías haberte peleado o no debías haber fingido estar enfermo para no ir a la escuela. Pero lo hiciste y ahora te sientes muy mal. Esos sentimientos de culpa son tan grandes, que estás seguro de que todos pueden verlos. Y con toda esa culpa llega también la preocupación. *¿Me agarrarán? ¿Lo descubrirá alguien?*

La culpa y la preocupación. Son cómplices del crimen. O quizá debería decir que son cómplices *después* del crimen, porque esos sentimientos te atacan en grupo después de que decides hacer algo que es malo.

Existe un modo infalible de enviar de viaje a esos dos cómplices. *Confesar.* Decir lo que hiciste. Sé que parece una locura, pero créeme. Cuando sucede lo que más miedo te da, cuando la verdad sale a la luz, la culpa y la preocupación pierden el poder que tienen sobre ti. Por lo tanto, dile a Dios todo al respecto y pídele que te perdone (¡Él lo hará!). Dile a la persona que has ofendido que lo lamentas y después haz lo que puedas para arreglar la situación.

ORA

Dios, lamento las cosas malas que he hecho.
Gracias por perdonarme. Amén.

4

A LA MANERA QUE DIOS QUIERE

Según Su promesa, nosotros esperamos nuevos cielos
y nueva tierra, en los cuales mora la justicia.

2 PEDRO 3:13

Este mundo es un caos. Pero se supone que no tiene que serlo.

En el principio, cuando Dios hizo los cielos y la tierra y todo lo que hay en ellos, incluidos tú y yo, todo era bueno (Génesis 1). Pero entonces llegó una serpiente escurridiza llamada Satanás, cuyas astutas palabras condujeron a Adán y a Eva a comer del único fruto del que no debían comer. Fue entonces cuando el pecado entró en el mundo y lo trastornó todo.

Sin embargo, de vez en cuando, puedes ver un pequeño destello de cómo tenía que ser. La bondad de Dios *sigue* estando aquí, en este mundo. Búscala en el ronroneo de un gatito y el movimiento de la cola de un cachorro. Puedes verla en una sonrisa y sentirla en el abrazo de alguien a quien amas.

Sí, este mundo es un caos, pero Dios envió a Jesús para comenzar a hacer nuevas las cosas. Él derrotó al pecado y la muerte. Y cuando regrese otra vez, todo será del modo en que Dios quiso que fuera. Los ratones serán amigos de los gatos y los corderos se acurrucarán con los lobos para dormir una siesta. Los leones no rugirán. Los osos no gruñirán. Y los tiburones no morderán. Ya no habrá más terremotos, tornados ni tormentas. Ya no habrá más sufrimiento. No habrá más tristeza. No habrá más berrinches, peleas ni egoísmo. Solamente amor, luz, alegría y, lo mejor de todo, Dios. Hasta que llegue ese día, deja que el amor y la bondad de Dios resplandezcan en ti. Dale al mundo un destello de cómo quiere Dios que sea.

Por lo tanto, sí, este mundo es un caos, pero llegará un día en que no lo será. Yo, por mi parte, ¡tengo muchas ganas de ver eso!

RECUERDA

¡Dios hace nuevas todas las cosas! (Apocalipsis 21:5)

5

¡MÍRALO A ÉL!

Háganlo todo para la gloria de Dios.

1 CORINTIOS 10:31

«¡Mira mi boleta de calificaciones!», le dices a tu mamá para que pueda ver tus notas altas.

«¡Miren esto!», les dices a tus amigos cuando haces una pirueta con tu patineta. Y todos ellos repiten: «¡Miren esto!».

Todos queremos que nos vean, incluso los adultos. Por lo tanto, aquí tenemos noticias maravillosas: Dios siempre te ve.

Solo hay que preguntarle a Agar. Ella era la sirvienta de Abraham y Sara. Cuando Agar iba a tener un bebé, Sara se puso muy celosa porque no podía tener hijos. Por lo tanto, Sara trataba muy mal a Agar. La cosa se puso tan mal que Agar huyó al desierto, pero Dios la vio incluso allí. Él envió a su ángel para ayudarla y darle una promesa: su bebé sería algún día el padre de muchos descendientes que no podrían contarse.

Agar le puso un nombre nuevo al Señor aquel día. Lo llamó *El Roi*, que significa «el Dios que me ve».

Dios *sí* te ve. No importa dónde estés. Y quiere que ayudes a otros a verlo también. Cuando otros te miran a ti, Él no solo quiere que vean cuán alto puedes escalar, cuán rápido montas en tu bicicleta ni lo hábil que eres sobre el trampolín. Dios quiere que les muestres un poco de Él: en el modo en que tratas a los demás, con las palabras amables que dices, en la manera en que ayudas, das y perdonas.

Claro que algunas veces es bueno decir: «¡Mírenme!», pero asegúrate de que cuando otros te miren, vean también un poco de Él.

ORA

Dios, ayúdame a hacer y decir cosas que ayuden a
otras personas a ver cuán bueno eres. Amén.

6

TRUCOS, TRAMPAS Y MENTIRAS

Por tanto, sométanse a Dios. Resistan,
pues, al diablo y huirá de ustedes.

SANTIAGO 4:7

El diablo es un tipo realmente engañoso; nunca trama nada bueno. Tiene más trucos que un mago; sus trampas son más peligrosas que las de cualquier cazador; y cuando se trata de mentir, lo hace realmente bien.

El diablo usa todos esos trucos, trampas y mentiras para conseguir que fracases. Espera que decidas hacer lo malo en lugar de lo correcto. En otras palabras, quiere que peques. ¿Por qué? Porque el pecado te aleja de Dios y eso es lo que el diablo desea más que nada.

Sin embargo, Dios te dice exactamente cómo librarte de este tipo malvado: con oración, alabanza y la santa Palabra de Dios.

Cuando ores, pídele a Dios que pelee por ti. (Y no hay duda de quién ganará esa pelea: ¡Dios! ¡Él gana todas las veces!). En cuanto comienzas a conversar con Dios, el diablo sabe que Dios está de camino para ayudarte. Es entonces cuando se preocupa y comienza a escabullirse.

Cuando alabas a Dios, haces algo que el diablo no puede soportar que hagas. Le dices a Dios cuán maravilloso y asombroso es. Le dices que sabes que Él tiene todo el poder y que puede hacer cualquier cosa. Y le das las gracias por todas las maneras en que te ama y te bendice. Ya sea que cantes, grites o simplemente lo pienses, la alabanza hace que el diablo se tape los oídos.

Cuando lees y aprendes las verdades de la Palabra de Dios, atraviesas las mentiras del diablo. Por eso, a la Palabra de Dios se le llama la espada del Espíritu (Efesios 6:17). Porque puede ayudarte a ver lo que es verdadero y correcto, y puede enseñarte lo que Dios quiere que hagas.

Por lo tanto, si ese diablo comienza a aparecer sigilosamente, haz una oración, grita una alabanza o simplemente lee las verdades de la Palabra de Dios. Y el diablo no se quedará ahí.

RECUERDA

¡La oración y la alabanza hacen huir al diablo!

7

DIOS TIENE UN PLAN

*[Dios] nos eligió de antemano y hace que todas
las cosas resulten de acuerdo con su plan.*

EFESIOS 1:11 NTV

José lo tenía todo. Era el hijo favorito de su padre. Tenía una túnica asombrosa de muchos colores. Y tenía sueños en los que veía que toda su familia se postraría delante de él algún día. Pero José tenía también otra cosa: un montón de hermanos celosos. Ellos se cansaron de la bonita túnica de José y de sus grandes sueños, de modo que lo vendieron como esclavo a unos mercaderes que se dirigían a Egipto.

En Egipto, José trabajó fuerte y su jefe comenzó a confiar en él. Las cosas parecían verse bien para él. Al menos, hasta que la esposa de su jefe dijo que José había hecho algo que no hizo. Lo siguiente que José supo era que estaba en una celda en la cárcel.

¿Por qué permitió Dios que sucedieran todas esas cosas malas? ¿Por qué permitió que José fuera vendido como esclavo y después metido en la cárcel? Pero ese no fue el final de la historia de José. Dios obró en medio de todas esas cosas terribles para hacer algo maravilloso.

En la cárcel, José conoció al copero del rey de Egipto y, con la ayuda de Dios, le dijo al copero el significado de un sueño que este había tenido. Por lo tanto, más adelante, cuando el rey necesitó ayuda para entender un sueño, el copero se acordó de José. Y en un abrir y cerrar de ojos, José pasó de la cárcel al palacio, donde lo pusieron a cargo de todo Egipto, el segundo al mando después del rey. Él salvó al pueblo de Egipto e incluso a su propia familia —incluidos los hermanos que lo habían secuestrado— de morir durante una hambruna.

Años después, José les dijo a sus hermanos: «Ustedes pensaron hacerme mal, *pero* Dios lo cambió en bien para que sucediera *como* vemos hoy, y se preservara la vida de mucha gente» (Génesis 50:20).

Por lo tanto, la próxima vez que tengas problemas y no veas cómo podrían volver a mejorar las cosas, no te rindas. Confía en Dios. Él tiene un plan. Él siempre está obrando para tu bien.

¡ES TU TURNO!

Aun cuando todo le iba mal a José, él decidió hacer lo correcto. Cuando tengas un mal día, ¿qué cosas correctas puedes hacer? Esta es una pista: lee Miqueas 6:8.

8

TODO EL TIEMPO, A PESAR DE TODO

*Un mandamiento nuevo les doy: «que se amen
los unos a los otros»; que como Yo los he amado,
así también se amen los unos a los otros.*

JUAN 13:34

Sé amable. Deja de discutir. Llévate bien con los demás. Es probable que, si tienes un hermano o hermana —o incluso un amigo con el que pasas mucho tiempo— habrás oído esas palabras a los adultos cercanos a ti. Más de una vez. Y si te pareces en algo a mi hermano y yo cuando éramos pequeños, probablemente las has oído muchas veces.

Sin embargo, Dios no quiere que simplemente nos llevemos bien con los demás; quiere que los amemos. Y no con cualquier tipo de amor. Él quiere que amemos a los demás como Él nos ama. Eso significa todo el tiempo, a pesar de todo.

¿Cómo puede ser posible eso? Algunas personas no son tan agradables; son un poco gruñonas o egoístas, o claramente maliciosas. Quizá te preguntas si Dios se ha encontrado alguna vez con tu hermano, con tu hermana o con tu vecino de al lado de tu casa. ¿Cómo puede esperar que ames a alguien que es así?

La respuesta está al final de Juan 13:34: «como yo los he amado». ¿Cómo te ama Dios? No con un tipo de amor común y corriente. No depende de lo que hagas, lo que digas ni de la ropa que te pongas. Dios te ama con un amor tipo *ágape*. Eso significa que te ama a pesar de todo. Punto. Fin de la historia.

¿Cuánto te ama Dios? Más de lo que un oso ama la miel, más de lo que un pez ama el agua, más de lo que a mí me gusta un helado casero o el día 4 de julio. Su amor por ti se extiende más allá de los límites del espacio exterior. Es más grande que las montañas y más ancho que todos los mares. Dios te ama como ama a Jesús, su propio Hijo (Juan 17:23). Y Él te ha hecho parte de su familia (1 Juan 3:1).

Dios tiene tanto amor por ti, que hay más que suficiente para compartir. No te limites a llevarte bien con los demás. Ama a la gente que te rodea.

RECUERDA

El tipo de amor *ágape* de Dios significa
que Él te ama, ¡a pesar de todo!

9

«YO SOY» ESTÁ CONTIGO

Invoca Mi nombre en el día de la angustia; yo te libraré.

SALMOS 50:15

Hay mucho que leer acerca de Moisés en la Biblia. Aparece por primera vez como un diminuto bebé israelita. Su mamá lo metió en una cesta y lo puso en el río Nilo para salvarle la vida. Fue rescatado por una princesa de Egipto; por lo tanto, aunque todos los demás hebreos en aquella tierra eran esclavos, Moisés creció como un príncipe en un palacio. Sin embargo, Moisés seguía siendo hebreo en su corazón. Al tratar de defender a un esclavo hebreo, mató a un egipcio. Por miedo a que el rey egipcio intentara matarlo, huyó al desierto.

Fue allí donde Moisés se convirtió en pastor de ovejas. Y fue allí donde Moisés tuvo un encuentro con Dios. No fue un encuentro normal. No hubo ninguna frase como: «Hola, me alegro de conocerte» o «No te he visto antes por aquí». Esa reunión comenzó con una zarza que ardía con llamas de fuego. *¡Pero no se consumía!*

Moisés divisó esa zarza y supo que tenía que verla más de cerca. La zarza habló, o más bien Dios habló desde la zarza: «¡Moisés, Moisés!»

(Éxodo 3:4). Supongo que fue entonces cuando Moisés se dio cuenta de que ese no iba a ser otro día más con las ovejas.

Dios tenía una misión para Moisés: regresar a Egipto, sacar a su pueblo de aquella tierra y conducirlos a un lugar mejor. Pero Moisés no estaba seguro acerca de ese plan. ¿Por qué confiarían en él los israelitas? Fue entonces cuando «dijo Dios a Moisés: "YO SOY EL QUE SOY", y añadió: "Así dirás a los israelitas: 'YO SOY me ha enviado a ustedes'"» (v. 14).

YO SOY tenía un significado especial en el lenguaje hebreo, el idioma de los israelitas. Significa que Dios siempre vive y siempre está con su pueblo. *Siempre*. Eso significaba allí en el desierto con Moisés y significa aquí en este momento. Siempre que estés preocupado, molesto o asustado, o cuando estés teniendo el peor día, puedes acudir a Él. Entonces recuerda que YO SOY está contigo y que te conducirá a un lugar mejor.

ORA

Dios, tú eres el gran YO SOY. Tú siempre has sido y siempre serás. Y lo mejor de todo, siempre estás conmigo. Amén.

10

GRANDE, AUDAZ
Y ASOMBROSO

No temas, porque Yo estoy contigo.

ISAÍAS 43:5

Hace mucho tiempo, Dios le hizo una promesa a su pueblo. Cuando decides seguirlo a Él, te conviertes en parte de su pueblo, por lo que esa promesa también es para ti.

¿Quieres saber cuál es esa promesa? Que Dios cuidará de ti (Isaías 43:1-5). Y como Él es Dios, puede hacerlo. No importa qué tipo de problema llegue a tu camino. ¿Por qué cuida Dios de ti? ¡Esa es la mejor parte! Porque *tú eres precioso para Él* (v. 4).

A veces, Dios cumple su promesa mediante cosas pequeñas, como enviando a un amigo a animarte cuando estás enfrentando un día difícil. Otras veces, Dios obra de maneras que no puedes ver, como yendo delante de ti y librándote de un problema antes de que tú ni siquiera sepas que está ahí. Pero algunas veces, ¡obra de maneras que son grandes, audaces y asombrosas! Como lo que hizo por los israelitas en el Mar Rojo.

Dios acababa de ayudar a los israelitas a escapar de la esclavitud en Egipto. Así que le dijo a Moisés que los guiara hasta el Mar Rojo. Entonces, el rey egipcio decidió que quería tener a sus esclavos de regreso, por lo que envió a su ejército tras ellos. Los israelitas estaban atrapados entre el ejército y el mar.

¿Qué harías tú si fueras uno de aquellos israelitas? ¿Sentir pánico? ¿Intentar cruzar nadando? ¿Esconderte detrás de un árbol? Ellos no tuvieron que hacer ninguna de esas cosas. Dios intervino y cuidó de ellos dividiendo el mar. Él envió vientos para que soplaran y retiraran las aguas hasta que hubo un sendero de tierra seca en medio del mar. ¡Asombroso!

Si te encuentras atascado y se dirigen a tu camino grandes problemas, no tengas miedo. Confía en Dios. Háblale de tus temores. Y luego observa para ver cómo cuida de ti. Podría ser de una manera pequeña o de un modo que tú no puedas ver. ¡O bien podría ser de una forma grande, audaz yasombrosa!

ORA

Dios, gracias por todas las maneras en que cuidas de mí:
pequeñas, invisibles, ¡y grandes, audaces y asombrosas!

11

SI DIOS LO DICE...

Fiel es Aquel que prometió.

HEBREOS 10:23

Tal vez has oído historias sobre cómo Josué derrotó a la ciudad de Jericó. Pero no es *exactamente* así como sucedieron las cosas. Fue más parecido a que Dios le *entregó* a Josué la ciudad de Jericó. Aquí tenemos lo que realmente sucedió.

Después de escapar de la esclavitud en Egipto, los israelitas estuvieron vagando en el desierto por cuarenta años. No lo hicieron porque les gustaba el desierto; fue su castigo por no entrar en la tierra prometida la primera vez que Dios les dijo que lo hicieran. Ahora, cuarenta años después, los israelitas estaban de nuevo en el límite de la tierra prometida; y esta vez estaban preparados para hacer lo que Dios dijo.

La primera población a la que se enfrentaron fue la poderosa ciudad de Jericó. Alrededor de esa gran ciudad había un muro de piedra inmenso y muy alto. Josué, el líder de los israelitas, sabía que el solo hecho de superar ese muro sería una batalla difícil.

Sin embargo, Dios tenía un plan. Sinceramente, era un plan bastante extraño, pero Josué había visto a Dios hacer algunas cosas increíbles, por lo que confió en Él. Josué sabía que Dios haría lo que dijo que haría; por lo tanto, los israelitas siguieron el plan de Dios. En lugar de apresurarse a entrar en batalla, simplemente marcharon alrededor de la ciudad de Jericó cada día por seis días. El séptimo día marcharon alrededor de la ciudad siete veces. Entonces, los sacerdotes tocaron sus trompetas, el pueblo dio un fuerte grito, ¡y los poderosos muros de Jericó se derrumbaron! Dios dijo que entregaría la ciudad a su pueblo y eso fue exactamente lo que hizo.

Dios siempre —*siempre*— cumple sus promesas. Incluso cuando parecen un poco locas. Si Dios dice que lo hará, lo hará. Porque es imposible que Dios mienta (Hebreos 6:18). Una piedra no puede nadar. Un hipopótamo no puede volar. Una mariposa no puede comerse un plato de espaguetis. No podemos dormir sobre una nube, y Dios no puede mentir.

Si Dios dice que lo hará, lo hará. Siempre puedes contar con Él.

¡ES TU TURNO!

Hay algo más que Dios le dijo a Josué que hiciera. Y es una promesa que Dios te da a ti también. Descubre cuál es en Josué 1:9.

12

LA HISTORIA DE JESÚS Y TÚ

*Así dice el S*ᴇɴᴏʀ *[…] No temas, porque Yo te he redimido, te he llamado por tu nombre; Mío eres tú.*

ISAÍAS 43:1

Belén fue golpeada por una hambruna terrible. No crecían las cosechas, por lo que resultaba difícil encontrar comida. Por lo tanto, Noemí, su esposo y sus dos hijos se fueron a vivir a la tierra de Moab. Sus dos hijos se casaron con mujeres de aquella tierra. Entonces murió el esposo de Noemí y sus dos hijos no vivieron mucho tiempo después de aquello. Noemí se quedó sola con sus dos nueras: Rut y Orfa. Con el corazón roto y sin familia, Noemí decidió regresar a Belén. Orfa regresó con su propia familia, pero Rut se fue con Noemí.

Como Noemí y Rut eran viudas, y también pobres, la vida no era fácil. Rut salía a los campos, donde recogía los restos de grano que dejaban caer los trabajadores. Ella y Noemí hacían pan con ese grano para poder comer. Nadie prestaba mucha atención a Noemí y Rut. Nadie intentaba ayudarlas de verdad.

Excepto Booz. Booz no era pobre; de hecho, era bastante rico. Era el dueño de los campos donde Rut recogía el trigo. Booz vio a Rut y les preguntó a los demás sobre ella, y así se enteró de su historia. Él le habló con bondad, la ayudó y la protegió. Después Booz se casó con Rut, salvándolas a ella y a Noemí de una vida de luchas.

¿Sabías que la historia de Rut y Booz se parece mucho a la de Jesús y tú? Booz *vio* a Rut. Jesús te *vio* a ti; ¡incluso sabe cuántos cabellos hay en tu cabeza! Booz era rico. Jesús es el dueño de todo el universo. Booz les dijo a los obreros que dejaran tranquila a Rut. Jesús le dice a Satanás que te deje tranquilo a ti. Booz salvó a Rut y Noemí de las luchas. Jesús te salva a ti del pecado. Booz llevó a Rut a su hogar. Jesús quiere llevarte a ti al suyo.

Y lo único que necesitas hacer es verlo a Él, amarlo y seguirlo.

ORA

Gracias, Señor, por verme, por protegerme y
por enviar a Jesús a salvarme. Amén.

13

UNA GRAN IDEA

*Te daré gracias, porque asombrosa y maravillosamente he sido
hecho; maravillosas son Tus obras, y mi alma lo sabe muy bien.*

SALMOS 139:14

¡Tú eres una *gran* idea! No me refiero a que *tienes* grandes ideas,
¡aunque estoy seguro de que las tienes! Quiero decir que tú mismo
eres una gran idea.¿Cómo sé eso? Porque eres idea de Dios y Él solamente
tiene grandes ideas.

Cuando Dios se sentó para crear al primer hombre y la primera mujer,
dijo: «Hagamos al ser humano a nuestra imagen y semejanza» (Génesis
1:26, NVI). Dios no dijo: «Hagamos los océanos a nuestra imagen» o «las
flores a nuestra semejanza» o «las jirafas a nuestra imagen». Ninguna otra
cosa en toda la creación de Dios es creada a su imagen. Ninguna planta,
ni semillas ni árboles. Ningún elefante, ninguna hormiga o ni siquiera el
cachorrito más lindo. Ninguna estrella, ni montañas o mares. Solamente
las personas, incluidos tú y yo.

¿Qué significa ser creado a imagen de Dios? Significa que estás hecho para parecerte a Él. Quizá no por fuera, sino por dentro: en tu corazón, tu mente y tu alma. ¿Significa eso que eres perfecto? No, nadie lo es. Excepto Jesús, claro está. Pero sí significa que te pareces a Él. Obtienes tu bondad y tu valentía de Él. Y cuando amas, ayudas y perdonas a otros, es entonces cuando más te pareces a Él.

En este mundo, la gente algunas veces verá tus errores como un motivo para reírse de ti. Algunas personas podrían ponerte apodos y otras podrían decidir no ser amigas tuyas debido a dónde vives o al modo en que luces. No los escuches. Al contrario, recuerda lo siguiente: eres creado a imagen de Dios. Eres un diamante, una joya preciosa. Tú eres muy importante para Dios, Él te ama tanto que envió a su único Hijo para salvarte.

No puedes verlas, pero las huellas de Dios están sobre ti. Por lo tanto, ¡asegúrate de darle gracias a Dios hoy por la gran idea que tuvo al crearte!

RECUERDA

¡Tú eres la gran idea de Dios!

14

TEN C.A.L.M.A.

Y la paz de Dios, que sobrepasa todo entendimiento,
guardará sus corazones y sus mentes en Cristo Jesús.

FILIPENSES 4:7

Hay mucha preocupación en este mundo. ¡Incluso para los niños! Sin importar cuál sea tu edad, te preocupas por cosas como poder encajar. Te preocupas por si tus amigos querrán seguir manteniendo tu amistad. Te preocupas por las tareas escolares, los quehaceres en casa y cómo le va a tu familia. Y algunas veces, cosas del mundo de los adultos pueden colarse y llegar a preocuparte.

Cargar con toda esa preocupación puede ser como arrastrar una mochila llena de piedras sobre tu espalda. ¿Quieres soltar esa mochila? ¿Quieres sacar algunas piedras? Déjame decirte cómo hacerlo. Ten C.A.L.M.A.

Lo sé, lo sé. Solo decirle a alguien que tenga calma no es muy útil; especialmente cuando está estresado por la preocupación. Pero «ten calma» no es la respuesta. La respuesta es lo que significa C.A.L.M.A. Mira el siguiente acrónimo:

C de celebrar. Cuando comienzas a contar todas las razones que Dios te da para celebrar, te olvidas de preocuparte. La Biblia lo dice de esta manera: «Regocíjense en el Señor siempre» (Filipenses 4:4).

A de anhelar. Anhela la ayuda de Dios y pídesela a Él mismo. En otras palabras: «En toda ocasión, con oración y ruego, presenten sus peticiones a Dios» (v. 6, NVI). Dios cuidará de ti.

L de liberar. Libérate de tus preocupaciones, échalas fuera y ponlas en las manos de Dios. «Por nada estén afanosos» (v. 6), porque Él tiene todo bajo control.

M de meditar. Meditar es solo una forma elegante de decir pensar. Dios quiere que «piensen en cosas excelentes y dignas de alabanza» (v. 8, NTV. Porque cuando tu mente está llena de pensamientos sobre cosas buenas, no tienes oportunidad para preocuparte.

A de amar. Ama y la serenidad invadirá tu ser.

Cuando celebras, anhelas, liberas, meditas y amas, es decir, cuando tienes C.A.L.M.A., Dios se lleva esos pensamientos que te preocupan. Y, a cambio, te llena con su paz.

¡ES TU TURNO!

Cuando la preocupación comience a arrastrarte, escríbelo.
Haz una lista de todo lo que te preocupa. Luego, haz
otra lista. Esta vez, escribe todas las cosas maravillosas
de Dios que te rodean. ¿Cuál es la más grande?

15

HOMBRO A HOMBRO

Por tanto, confórtense los unos a los otros,
y edifíquense el uno al otro.

1 TESALONICENSES 5:11

Noemí había perdido mucho: su tierra natal, su esposo y sus dos hijos. No solo estaba triste; tenía el corazón roto. No tenía dinero y, aun peor, no le quedaba esperanza. Noemí solamente quería regresar a su hogar en Belén.

Rut y Orfa se habían casado con los hijos de Noemí. Cuando ellos murieron, Noemí les dijo que regresaran con sus propias familias porque a ella no le quedaba nada que ofrecerles. Noemí había decidido que recorrería todo el camino de regreso hasta Belén sola. Orfa se fue, pero Rut se quedó con ella.

Rut no tenía dinero ni poder. No podía solucionar los problemas de Noemí, pero podía quedarse con ella, mantenerse a su lado y caminar juntas todo el trayecto hasta Belén. Rut podía asegurarse de que Noemí no tuviera que enfrentar el mundo sola. Y eso no es cosa pequeña. De hecho, es realmente grande.

A veces, alentar a otros implica ser un animador y prestar una mano que ayuda. Y otras veces significa compartir muchas palabras buenas y útiles para eliminar las palabras malas y dañinas que una persona ha escuchado.

Sin embargo, con frecuencia, se puede alentar a alguien sin decir nada. Simplemente, basta con acompañar a esa persona: por la acera, cruzando el comedor o cuando tiene que ir a alguna parte donde realmente no quiere ir. A veces puede hacerse compartiendo un aperitivo o una comida, de modo que la persona no tenga que comer sola. O solo sentándote con alguien y escuchando su historia. Y otras veces, alentar a alguien es simplemente estar a su lado sin decir nada, y dejándole saber a la persona que siempre estarás con ella hombro a hombro.

RECUERDA

Camina al lado, siéntate, escucha: puedes
alentar a otros sin decir ninguna palabra.

16

COSAS BUENAS DE DIOS

Ustedes fueron salvos [...] porque tuvieron fe. No se
salvaron a sí mismos, su salvación fue un regalo de Dios.

EFESIOS 2:8 PDT

¿Qué es lo más grande en lo que puedes pensar? ¿Un elefante? ¿El océano? ¿El mundo entero? ¿Todo el universo? Multiplícalo por dos y el amor de Dios sería aún más grande. Triplícalo y ni siquiera te acercarías. Multiplícalo por cien, por mil, ¡por un millón! El amor de Dios seguiría siendo mucho, mucho más grande.

Y debido al amor tan grande y enorme que Dios tiene por nosotros, nos ofrece gracia.

¿Qué es gracia?, preguntas

Gracia es obtener cosas buenas de Dios. Cosas que no merecemos. No hay modo alguno en que pudiéramos ganarnos esas cosas nosotros mismos; además, jamás podríamos pagarle a Dios por ellas. ¿Cuáles son esas cosas buenas? Son el perdón de nuestros pecados, el Espíritu Santo que viene a vivir en nuestro interior para ayudarnos, y vivir con Dios en el cielo un día.

¿Por qué necesitamos la gracia de Dios? Porque, seamos sinceros, fallamos mucho. Algunas veces nos equivocamos en grande cuando hacemos cosas como odiar o intentar dañar a alguien; o cuando no respetamos a Dios. Otras veces fallamos mintiendo o hablando de alguien, o siendo egoístas. Lo estropeamos todo en muchos aspectos. Esos fracasos se llaman pecado; y Dios y el pecado no van juntos. De hecho, Dios no puede estar cerca del pecado. Eso significa que nuestros pecados nos mantienen separados de Dios. Él no quiere eso; Dios quiere que estemos cerca de Él, de modo que nos ofrece gracia para llevarnos de regreso a su lado.

¿Cómo puedes obtener la gracia de Dios? Es fácil. La gracia es el regalo de Dios para ti. Jesús ya la compró y pagó en la cruz. Lo único que tienes que hacer es aceptarla diciendo: «¡Sí!». Di sí a creer que Jesús es el Hijo de Dios y que murió en la cruz y resucitó. Di sí a amarlo, seguirlo y obedecerlo.

¡ES TU TURNO!

Dios te da mucha, mucha gracia. Cuando
alguien falle, asegúrate de mostrarle el mismo
amor y la misma gracia que Dios te da.

17

NADA ES DEMASIADO DIFÍCIL PARA DIOS

¡Ah, Señor Dios! Ciertamente, Tú hiciste los cielos
y la tierra con Tu gran poder y con Tu brazo
extendido. Nada es imposible para Ti.

JEREMÍAS 32:17

L os madianitas eran mezquinos y poderosos. Y eran muchos. Se comían las cosechas de los israelitas, robaban sus animales y arruinaban sus tierras. Israel necesitaba un rescate, por lo que Dios escogió a Gedeón para hacerlo.

Gedeón no era soldado ni guerrero. Era agricultor. Pero después de un par de milagros, estuvo de acuerdo en dirigir al ejército de Israel. Gedeón reunió a un ejército inmenso de soldados de Israel: más de 32.000 hombres. Pero Dios dijo que eran demasiados. «Diles a todos los que tengan miedo que se vayan a casa», ordenó Dios. Muchos de ellos tenían miedo. Unos 22.000 hombres se fueron a casa y se quedaron solamente 10.000.

Dios le dijo a Gedeón que todavía tenía muchos hombres. «Llévalos hasta el agua», le indicó. «Si beben el agua lamiendo como un perro, envíalos a casa. Pero si utilizan sus manos para acercarse el agua la boca, diles que se queden». Solamente 300 hombres utilizaron sus manos para beber. Todos los demás se fueron a sus casas.

¿Solamente 300 hombres contra miles y miles de soldados madianitas entrenados? ¡Imposible! Bueno, eso podría haber sido imposible para Gedeón, y podría haber sido imposible para aquellos 300 hombres. Pero con Dios de su lado, Gedeón y su ejército de 300 ganaron.

Cuando sientas que todos los pronósticos están contra ti o que algo es demasiado para que un niño lo haga, recuerda lo siguiente: no estás solo. Tienes ayuda. Las cosas que te inquietan no afectan a Dios. No hay problema que sea demasiado difícil. No hay tarea demasiado grande. Este es el Dios que creó *todo* de la *nada*. No hay nada demasiado difícil para Él. Solamente pide y después observa lo que Él hará.

RECUERDA

Nada es demasiado difícil para Dios. ¡Confía en Él!

18

DIOS SIGUE OBRANDO EN TI

Estoy convencido precisamente de esto: que el que comenzó en ustedes la buena obra, la perfeccionará hasta el día de Cristo Jesús.

FILIPENSES 1:6

Quizá has oído hablar de la reina Ester. Ella es la que se presentó con valentía delante del rey Asuero y le pidió que salvara a su pueblo. En el transcurso de ese acontecimiento hubo fiestas, cetros y muchos momentos que desafiaron a la muerte. Es realmente una historia estupenda. (Puedes leer de todo ello en el libro de Ester). Ester fue realmente una heroína que salvó a su pueblo. Pero...

¿Sabías que al principio Ester se negó a hacerlo? Es correcto, Ester se negó cuando su tío Mardoqueo le pidió por primera vez que salvara a su pueblo. Ahora bien, no seas demasiado duro con Ester. Era arriesgado. Nadie, ni siquiera la reina, podía ir a ver al rey sin ser llamado. Ester no había oído del rey en semanas. Entrar en el salón del trono sin una invitación significaba que podía morir. Pero, con un poco de ayuda de su tío Mardoqueo, Ester decidió hacer lo correcto. Y salvó a su pueblo.

Lo que sucede es que a veces puede ser difícil hacer lo correcto. Podría ser un poco incómodo; un poco arriesgado; incluso puede dar un poco de miedo. La gente podría reírse. Los otros niños quizá no quieran estar contigo. Habrá veces en las que tú eres como Ester y quieras decir: «Bueno... no, gracias. Prefiero no hacer eso».

Si eso sucede, estará bien. Dios sigue obrando en ti. Habla con Él, y pídele que te ayude a saber qué hacer y a tener la valentía para hacerlo. Recuerda: Ester tuvo una segunda oportunidad para hacer lo correcto. Pídele a Dios que te dé otra oportunidad también a ti.

Dios sigue obrando también en todas las personas que te rodean; por lo tanto, cuando ellas fallen, cosa que harán, debes estar preparado para darles también a ellos una segunda oportunidad.

ORA

Señor, por favor, dame la valentía para hacer
lo correcto en la primera vez. Amén.

19

¿QUIÉN ES TU GOLIAT?

*El Señor su Dios, que va delante de
ustedes, Él peleará por ustedes.*

DEUTERONOMIO 1:30

La gente llamaba gigante a Goliat por una buena razón. Era muy grande. Realmente grande. ¡Medía más de dos metros y medio de altura! También era el campeón de lucha de los filisteos, que eran los enemigos de los israelitas.

El ejército filisteo y el ejército israelita se enfrentaban entre sí en medio de un gran valle. Cada mañana y cada tarde, Goliat marchaba y les gritaba a los israelitas: «Escojan un hombre y que venga contra mí. Si es capaz de pelear conmigo y matarme, entonces seremos sus siervos; pero si yo lo venzo y lo mato, entonces ustedes serán nuestros siervos y nos servirán» (1 Samuel 17:8-9). Sin embargo, ningún soldado israelita quería pelear contra Goliat. Y eso continuó por cuarenta días.

Entonces David, que era pastor de ovejas, llegó a entregarles comida a sus hermanos que estaban en el ejército. Como escuchó el reto de Goliat, decidió que pelearía contra el gigante. Sus hermanos pensaron que David se estaba burlando de ellos. El rey pensó que estaba loco. Goliat pensó que era una broma.

No obstante, David sabía algo que sus hermanos, el rey y Goliat no sabían. David no sería el que realmente estaría peleando. Dios pelearía por él. Por lo tanto, David agarró su honda y escogió cinco piedras lisas de un arroyo. Entonces caminó para enfrentarse a Goliat.

Goliat estaba enojado. ¿Quién se creía que era ese muchacho? Goliat agarró su espada. David puso una piedra en su honda y la lanzó. La piedra golpeó a Goliat y lo derribó. Y ese fue el fin de Goliat. Entonces, el ejército israelita persiguió y derrotó a los filisteos.

Todo porque David sabía que Dios sería el que pelearía por él.

¿Quién es tu Goliat? ¿Es él o ella un gamberro gigante que marcha por los pasillos de la escuela? ¿O es ese niño de tu barrio que siempre se ríe de ti? O quizá tu Goliat no es un *quién*. Es un *qué*, como hablar delante de toda la clase o intentar algo nuevo. Sea lo que sea tu Goliat, recuerda lo siguiente: Dios será el que pelee por ti también.

¡ES TU TURNO!

¿Hay algún problema del tamaño de Goliat que te esté molestando? Háblale a Dios de ello y después busca maneras en las que Él ya esté peleando por ti.

20

AVIONES DE «PENSAMIENTOS»

Poniendo todo pensamiento en cautiverio
a la obediencia de Cristo.

2 CORINTIOS 10:5

Hay muchas cosas que no podemos decidir. No podemos decidir si lloverá. Tampoco a qué hora oscurece. O cuánta sal hay en el océano, ni cuántas estrellas hay en el cielo.

Cuando eres niño, parece que hay incluso más cosas que no puedes decidir. No puedes decidir dónde vives, si te dan una paga o a qué hora te vas a la cama.

El hecho es que, cualquiera sea la edad que tengamos, hay muchas cosas en la vida sobre las que no podemos escoger, pero hay una cosa muy importante que todos podemos decidir. Y es *en qué pensamos*.

Imagina un aeropuerto. Decenas y decenas de aviones vuelan en círculo, queriendo aterrizar. Pero cada avión solo puede aterrizar si tiene el permiso del aeropuerto. Si no tiene permiso, debe alejarse.

Ahora, piensa que tu cerebro es como ese aeropuerto. Decenas y decenas de aviones de «pensamientos» vuelan en círculo, queriendo aterrizar. Algunos son pensamientos sobre cosas cotidianas, como qué camisa te pondrás y cuál es la respuesta al problema número cuatro de tu tarea. Otros pensamientos son sobre cosas buenas, como preguntarte cómo puedes ayudar a tu papá, querer llamar a tus abuelos o intentar memorizar un versículo de la Biblia. Pero otros pensamientos son acerca de cosas no tan buenas o incluso malas, como cuán enojado estás con alguien, cómo vengarte de ese gamberro que te molestó en el almuerzo, o cómo ver esa película sin que tus padres se enteren.

Todos esos pensamientos pasan dando vueltas, pero eres tú quien decide a cuáles permites aterrizar. ¿En cuáles de ellos vas a pasar tiempo pensando? Asegúrate de que los pensamientos que permitas aterrizar sean buenos. Decide pensar en cosas que sean verdaderas, correctas y hermosas (Filipenses 4:8). Si un mal pensamiento intenta bajar en picada para un aterrizaje, y lo intentará, asegúrate de que pase zumbando y se aleje.

ORA

Señor, por favor, resguarda mis pensamientos. Llena
mi mente de cosas que sean buenas y verdaderas, como
lo mucho que tú me amas y me bendices. Amén.

21

EN EL INTERIOR

El hombre mira la apariencia exterior,
pero el SEÑOR mira el corazón.

1 SAMUEL 16:7

Un palomar es precisamente lo que esperarías que fuera: un agujero donde las palomas hacen su nido. Por lo tanto, si resulta que ves un palomar, ¿qué crees que habrá dentro? ¡Una paloma, desde luego! ¿Y qué crees que habrá dentro de un hormiguero? ¡Hormigas! No habrá koalas, monos ni hipopótamos allí.

Hay algunas cosas que puedes mirar desde afuera y saber lo que hay dentro, como los palomares. Pero las personas no son como los palomares. El exterior de una persona podría verse muy diferente del interior. Esa es una lección que aprendió el profeta Samuel.

Dios envió a Samuel a la ciudad de Belén para buscar a un hombre llamado Isaí. Isaí tenía muchos hijos, y Dios iba a escoger a uno de ellos para que fuera el nuevo rey de Israel. Samuel vio primero al hijo mayor: Eliab. Él era alto y bien parecido, por lo que Samuel pensó que *se veía* como un rey. Pero Dios dijo: «El hombre mira la apariencia exterior, pero el Señor mira el corazón» (1 Samuel 16:7).

Uno por uno, Samuel observó a los siete hijos de Isaí. Y uno por uno, Dios dijo no a cada uno de ellos. «¿Son *estos* todos tus hijos?», preguntó Samuel a Isaí (v. 11). Había uno más. Isaí envió a buscar a David, el hijo pequeño, que estaba en los campos. Esta vez Dios dijo: «Este es» (v. 12). ¿Por qué? Porque Dios sabía que David haría las cosas que Él quería que hiciera (Hechos 13:22).

Cuando conozcas a alguien, no mires su ropa, su cabello ni el color de su piel. No decidas que debe ser un nerdo o alguien muy popular. Dale una oportunidad. Conócelo. Descubre lo que piensa, qué le hace reír, y las cosas que le gusta y no le gusta hacer. Descubre quién es esa persona por dentro. Es eso lo que realmente cuenta. Porque las personas no son como un palomar.

ORA

Dios, ayúdame a mirar lo que hay dentro de una
persona, no cómo se ve por fuera. Amén.

22

DIOS SIGUE SIENDO DIOS

Si los fundamentos son destruidos; ¿qué puede hacer el justo?

SALMOS 11:3

L a parte de la Biblia que prefiero leer es… bueno, sinceramente, cualquiera que esté leyendo en el momento. Sin embargo, leo mucho el libro de los Salmos, de modo que —sin ninguna duda— es una de mis partes favoritas.

Un motivo por el que me gusta mucho Salmos es porque el rey David escribió muchos de ellos. Cuando lees sus salmos, puedes ver que él era una persona genuina. Y no temía ser sincero con Dios.

El rey David conversaba con Dios acerca de todo. Le hablaba de sus temores y sus preocupaciones. Le hablaba de las cosas que lo hacían feliz y también triste. David incluso hablaba sobre sus enemigos y las veces en que estaba enojado. El rey David le hacía muchas preguntas a Dios, como la siguiente: «Si los fundamentos son destruidos; ¿qué puede hacer el justo?».

Porque, a veces, podría parecer que todo se *está* desmoronando. Si miras al mundo, hay algunas cosas bastante importantes que van muy limpiar y clavos en el suelo que recoger. Yo ya no era un niño cualquiera de primaria. ¡Ahora era el compañero de mi papá!

¿Sabías que Dios también quiere que seamos sus compañeros? Dios tiene mucho trabajo que hacer en este mundo y le gustaría que trabajemos con Él. Sí, eso te incluye también a ti. Te unes a Dios en el trabajo que Él está haciendo cada vez que oras. Lo haces cuando oras por lo que necesitas, cuando oras por otros y cuando oras por el mundo que te rodea.

Cada vez que te detienes para orar, es como si estuvieras acercándote al lugar de la obra, recogiendo un martillo y ayudando a Dios a construir un poco más de su reino. Ah, y cada vez que apareces por allí, puedes estar seguro de que tu Compañero ya está ahí.

¡ES TU TURNO!

Igual que con cualquier proyecto de construcción,
es importante llegar y trabajar cada día. Escoge un
tiempo para orar cada día: temprano en la mañana,
antes de acostarte o en cualquier momento. ¡Después
reúnete con tu Compañero en oración!

63

PARA QUE TÚ
TAMBIÉN SUPIERAS

*Mirándolos Jesús, dijo: «Para los hombres es imposible, pero
no para Dios, porque todas las cosas son posibles para Dios».*

MARCOS 10:27

Un día, unas personas llevaron a un hombre a Jesús. El hombre era
sordo y apenas si podía hablar. La gente le rogaba a Jesús que lo
sanara. Jesús puso los dedos en los oídos del hombre, después escupió y
tocó la lengua del hombre. Alzó la vista al cielo y dijo: «Efatá», que significa «Ábrete», y los oídos del hombre se abrieron. ¡Y podía oír! ¡Y hablar!
(Marcos 7:31-35).

Este fue solo uno de los muchos milagros que hizo Jesús mientras
vivía en la tierra. Él sanó a los que no podían andar. Ayudó a los ciegos
a ver y a los sordos a oír. Él detuvo tormentas y caminó sobre el agua.
Incluso resucitó muertos y volvieron a vivir. Y «Jesús hizo también muchas
otras cosas, tantas que, si se escribiera cada una de ellas, pienso que los

libros escritos no cabrían en el mundo entero» (Juan 21:25, NVI). Eso es lo que dijo su discípulo Juan, y recuerda: ¡Juan estuvo allí!

¿Por qué hizo Jesús todas esas cosas? Por supuesto, porque quería ayudar a esas personas. Quería que los ciegos vieran el amanecer. Quería que los sordos oyeran a sus amigos pronunciar su nombre. Pero Jesús quería mucho más que eso.

Él quería que esas historias de cómo sanó y ayudó a la gente se contaran y se escribieran. Jesús quería que las historias sobre Él se compartieran. Para que tú y yo, y todas las personas que vivirían cerca de dos mil años después, creyeran que Jesús era mucho más que solo un buen hombre. Él fue más que un maestro o un profeta de Dios. Él es el Hijo de Dios.

Jesús hizo cosas que solo el Hijo de Dios podría hacer. Hizo esas cosas para que supiéramos que fue Dios quien lo envió, para que supiéramos que Dios puede hacer cosas maravillosas e imposibles.

ORA

Señor Jesús, cuando escucho las historias de todos los milagros que hiciste, sé que tienes el poder de perdonarme y salvarme. Amén.

64

LA MEJOR DE LAS INVITACIONES

*Pero el que beba del agua que Yo le daré, no tendrá sed
jamás, sino que el agua que Yo le daré se convertirá en
él en una fuente de agua que brota para vida eterna.*

JUAN 4:14

Te invitan a muchas cosas: fiestas de cumpleaños, fiesta de pijamas, acampadas de fin de semana. Algunas invitaciones son para un grupo de personas. Otras invitaciones son solo para ti. Pero hay una invitación que es para *todo el mundo*. Incluso para esa mujer de Samaria que había cometido tantos errores, que la mayoría de las personas ni siquiera hablaban con ella. Déjame que te cuente de ella y de esa invitación tan especial.

Un día, mientras Jesús viajaba por Samaria, se detuvo a descansar en un pozo a mitad del día. Una mujer samaritana se acercó a sacar un poco de agua. Jesús le dijo: «Dame de beber» (Juan 4:7).

«¿Cómo es que Tú, siendo judío, me pides de beber a mí?», le dijo la mujer (v. 9). Los judíos, por lo general, no hablaban con los samaritanos.

«Si supieras lo que Dios puede dar, y conocieras al que te está pidiendo agua —contestó Jesús—, tú le habrías pedido a él, y él te habría dado agua que da vida» (v. 10, NVI).

La mujer estaba confundida. ¿Cómo iba ese hombre a darle de beber a ella? ¡Ni siquiera tenía un cubo!

Pero el agua que Jesús la invitaba a tomar no era como la que salía del pozo. Era su inagotable abundancia de amor, gracia y perdón. Entonces, Jesús le dijo a la mujer todas las cosas que Él sabía sobre su vida, y ella se quedó maravillada. Y cuando le dijo que Él era el Mesías que todos habían estado esperando, ella dejó su cántaro de agua junto al pozo y corrió a hablarles a todos los de su ciudad acerca de Él.

Y sí, vas a recibir muchas invitaciones a lo largo de tu vida, y algunas de ellas serán geniales, pero la mejor invitación viene de Jesús. Asegúrate de decirle sí a esa. Ah, ¡invita también a tus amigos!

RECUERDA

Jesús nos invita a todos a acercarnos a Él.

65

NUNCA JAMÁS

*El ladrón solo viene para robar, matar y destruir. Yo he venido
para que tengan vida, y para que la tengan en abundancia.*

JUAN 10:10

El diablo no es un buen tipo. En absoluto. Pero hay algunas cosas que se le dan muy bien y una de ellas es lo que yo llamo los «nunca jamás». Cuando algo sale mal, cuando estás teniendo un mal día, o cuando te sientes un poco deprimido, al diablo le gusta susurrarte al oído algunos de sus nunca jamás favoritos. ¿Has escuchado alguna vez alguno de estos?

¡Nunca jamás lograré hacerlo bien!

¡Nunca jamás seré bueno en nada!

¡El sol nunca jamás volverá a brillar!

¡Nunca jamás volveré a tener amigos!

¡Nunca jamás volveré a ser feliz!

El diablo tiene millones de ellos, pero quiero contarte un pequeño secreto: ni uno solo de ellos es verdad. Por eso es que el diablo es un mentiroso. De hecho, mentir es lo único que sabe hacer (Juan 8:44). ¿Por qué el diablo intenta difundir tanto pesimismo? Porque lo que realmente quiere es que nunca jamás tengas amor, o esperanza o alegría otra vez. Nunca.

Como te he dicho, el diablo no es un buen tipo.

Pero Dios es bueno. Él siempre es bueno, y lo que realmente quiere es llenar tu vida de amor, esperanza y alegría. Por eso Dios tiene algunos «siempre» que quiere compartir contigo.

Dios siempre te dirá la verdad.
Dios siempre te ayudará.
Dios siempre estará contigo.
Dios siempre te perdonará cuando se lo pidas.
Dios siempre te amará.

Por lo tanto, si ese viejo diablo se acerca susurrándote al oído sus nunca jamás, dile que se calle. Tú tienes que escuchar los siempre de Dios.

ORA

Dios, nunca jamás quiero separarme
de ti. ¡Yo siempre te amaré!

66

EL GRAN DESASTRE

Al que no conoció pecado, [Dios] lo hizo pecado por
nosotros, para que fuéramos hechos justicia de Dios en Él.

2 CORINTIOS 5:21

¿Alguna vez has causado un desastre? ¿Un verdadero desastre? Al margen de lo grande que sea tu desastre, ¡te garantizo que el mío fue mayor aún! O, al menos, fue un poco más pegajoso.

Yo tendría aproximadamente tu edad cuando se produjo «el gran desastre». Mi hermano y yo estábamos jugando a «tú las traes» en el supermercado. (Probablemente no fue una buena idea). Íbamos corriendo por los pasillos y todo iba genial, hasta que… choqué contra una estantería de frascos de miel. Los recipientes salieron volando por todas partes. *Frascos de cristal.* Se estrellaron contra el piso y la miel salió disparada hacia todas las direcciones. El gerente de la tienda no estaba muy contento que digamos.

«¿Dónde está tu mamá?», gritó.

Yo estaba ahí sentado, cubierto de miel. Alcé la mirada para mirar al gerente, mientras pensaba con cuántos años de cárcel tendría que pagar. Entonces oí a mi mamá. «Es mi hijo», dijo ella. «Limpiaremos este desastre».

Jesús se siente igual con los que son suyos cuando causamos algún desastre.

Cuando mientes diciendo que has estudiado para el examen porque quieres ir a jugar. Cuando cuentas un chisme de un amigo y estropeas tu amistad. Cuando entras de puntillas y ves programas que no deberías ver. Todas esas cosas provocan un desastre llamado pecado. Se pega en tu corazón y en tu alma, y estropea las cosas entre Dios y tú.

La buena noticia es que Dios sabía que íbamos a cometer grandes desastres con el pecado. Por eso envió a Jesús: para limpiar nuestros desastres. En la cruz, todos nuestros pecados se pegaron a Él. Él fue castigado por ellos, para que no tuviéramos que ser castigados nosotros. Cuando te conviertes en cristiano, cuando decides amar, obedecer y seguir a Jesús, pasas a ser uno de los suyos. Después, cuando hagas un desastre, dile que lo sientes. Intenta no volver a causar ese desastre, pero debes saber que Jesús está diciendo: «Es mi hijo. Yo limpiaré el desastre».

ORA

Dios, lo siento por los desastres que causo.
Por favor, perdóname. Y gracias por limpiar
mis pegajosos desastres. Amén.

67

¿QUÉ HACE DIOS?

El que me ha visto a Mí, ha visto al Padre.

JUAN 14:9

Hay días, días difíciles, en los que quizá empiezas a preguntarte sobre Dios. *¿Se da cuenta Dios de que tengo miedo? ¿Sabe que me siento solo? ¿Le importa si estoy triste o dolido?*

¡La respuesta es *sí*! Sí, Dios ve cuando tienes miedo. Sí, Él sabe las veces que te sientes solo. Y sí, le importa cuando estás triste y dolido. Dios ve, sabe y se interesa por ti, *y* está obrando para ayudarte.

Si alguna vez te preguntas qué está haciendo Dios cuando te sientes dolido, mira lo que hizo Jesús. Como la vez que se encontró con una mujer en el camino.

La Biblia no nos dice su nombre. Había estado enferma por doce años. Había acudido a muchos doctores, pero no habían podido ayudarla. Ahora no tenía dinero. No podía ir al templo a adorar, porque la ley decía que era impura. No podía tocar ni abrazar a nadie, porque entonces ellos también serían impuros. Pero esa mujer había escuchado sobre Jesús.

Cuando Jesús caminaba por las calles ese día, ella pensó: *Si tan solo toco Sus ropas, sanaré* (Marcos 5:28). Se abrió paso entre la multitud de gente hasta estar justo detrás de Él. En cuanto tocó su manto, fue sanada, ¡y lo supo!

Cuando Jesús sintió que había salido de Él poder sanador, se detuvo, se giró, y preguntó: «¿Quién me ha tocado?» (v. 31).

La mujer tenía miedo. ¿Se habría metido en problemas? Aun así, dio un paso al frente, se postró a sus pies, y le dijo a Jesús lo que había hecho. Jesús sonrió y dijo: «Hija, tu fe te ha sanado. Vete en paz» (v. 34).

¿Qué hace Dios cuando sufres? Hace lo que hizo Jesús. Él ve. Él sabe. Él te cuida. Y hace que vuelvas a estar bien.

ORA

Dios, tú me ves, tú me conoces, y tú me cuidas. Gracias porque siempre estás obrando en mi vida. Amén.

68

GRACIA Y VERDAD

Como un padre se compadece de sus hijos, así se
compadece el Señor de los que le temen.

SALMOS 103:13

Había una vez un padre que tenía dos hijos. El hijo más joven fue a su padre y le dijo: «Dame la parte de la herencia que me corresponde». El corazón del padre se dolió, pero repartió su riqueza entre los dos hijos. El hijo menor tomó el dinero y viajó hasta un país lejano. Allí malgastó su herencia viviendo locamente. Cuando se le terminó el dinero, sus amigos desaparecieron. Cuando una sequía sacudió la tierra, también desapareció su comida. Encontró un empleo alimentando cerdos. El hijo tenía tanta hambre, que deseaba poder comer la comida de los cerdos.

El hijo comenzó a recordar todas las fiestas en la casa de su padre. Incluso los sirvientes de su padre tenían mucha comida. *¡Ya lo tengo!,* pensó. *Regresaré con mi padre. No soy suficientemente bueno para ser su hijo, pero le rogaré que me deje ser sirviente suyo.*

Mientras el hijo se acercaba por el camino hacia su casa, el padre lo vio. Corrió hacia su hijo, lo abrazó y lo besó. Y el padre le dio la bienvenida a casa, no como sirviente, sino como su hijo (Lucas 15:11-32).

Eso es precisamente lo que Dios hace con nosotros. Cuando pecamos, el pecado nos lleva lejos de Dios, y puede que nos haga hacer algunas locuras y que terminemos en un lugar donde no queremos estar. Pero siempre que estemos listos para regresar a Dios, Él está esperando para darnos la bienvenida a casa con Él.

Es muy importante que entendamos esto: cuando fallamos y nos alejamos de Dios, no todo tiene que estar «arreglado» para regresar. No tienes que ser perfecto. Dios solo quiere que regreses con Él. Esa es la *gracia* de Dios.

Y esto también es muy importante: la gracia no significa que puedas seguir pecando o haciendo cosas malas. Dios quiere que regreses, eso es cierto, pero después empezará a trabajar en ti y a ayudarte a ser más como Jesús. Y esa es su *verdad*.

RECUERDA

Dios nos da su gracia y su verdad.

69

¿TIM O JIM?

Así que entonces, hagamos bien a todos
según tengamos oportunidad.

GÁLATAS 6:10

Tim y Jim son todo lo distintos que puedan llegar a ser dos niños.

Tim piensa que todo se trata de él. Se levanta de la cama en la mañana y piensa: *¿Quién me va a hacer el desayuno?* Hace una pataleta si nadie quiere jugar su juego favorito en el parque. Y si su hermana se come la última galleta, se enoja varias horas.

Tim piensa que todos deberían tratar de lograr que sea feliz. Deberían hacer todo lo que él quiera y el mundo debería servirlo. Como eso casi nunca sucede, Tim es normalmente un niño infeliz.

Jim, por el contrario, se levanta en la mañana, bosteza, se estira y dice: «Dios, muéstrame a quién puedo ayudar hoy». Ayuda a preparar su desayuno y recoge sus cosas en cuanto termina. Se asegura de que todos tengan la oportunidad de jugar su juego favorito. Incluso le da a su hermana la última galleta que queda y él se come un plátano. Le sonríe al conductor del autobús, saluda a sus vecinos y le pide al niño nuevo que se siente con él en el almuerzo. Jim intenta llevar un poco de felicidad a todo el mundo, Jim normalmente está feliz.

¿Eres como Tim? ¿O eres como Jim? ¿O eres un poco de los dos, un Tim-Jim?

Te digo algo: si pasas tus días pensando que todos deberían intentar hacerte feliz, no encontrarás muchas cosas por las cuales estar contento; pero si pasas tus días ayudando a otros y repartiendo felicidad, encontrarás un poco de felicidad, o mucha, cada día.

Verás, la felicidad es algo divertido. Encuentras mucha más cuando la das.

ORA

Comienza cada día con esta oración: Dios, muéstrame a quién puedo ayudar hoy. ¿A quién puedo animar? ¿Quién necesita encontrar hoy un poco de felicidad?

70

HAZ LO QUE HIZO PEDRO

*No bien decía: «Mis pies resbalan», cuando ya
tu amor, SEÑOR, venía en mi ayuda.*

SALMOS 94:18 NVI

¿Recuerdas cuando los discípulos estaban intentando cruzar el mar de Galilea? Se formó una tormenta y su barca estaba en apuros. No podían regresar a la orilla. Entonces, en medio de la tormenta, los discípulos vieron a alguien caminando hacia ellos. *¡Sobre el agua!* ¿Acaso era Jesús?

Pedro gritó: «Señor, si eres Tú, mándame que vaya a Ti sobre el agua» (Mateo 14:28). «Ven», dijo Jesús. Eso era lo único que Pedro necesitaba oír. ¡Sacó los pies y los plantó en el agua! Un paso, dos pasos, unos pasos más, ¡Pedro estaba caminando sobre el agua!

La Biblia no nos dice exactamente lo que sucedió después. Quizá una ola golpeó a Pedro en la cara o el viento sopló muy fuerte. Algo hizo que Pedro apartara la mirada de Jesús. Entonces se fijó en el viento y en las olas, ¡eran demasiado grandes! Su temor fue mayor que su fe, por lo que Pedro comenzó a hundirse.

Quizá seas un niño aún, pero puedes tener problemas muy grandes. Podría ser un bravucón que te sigue molestando, el divorcio de tus padres o perder a alguien a quien amas. O quizá es un montón de problemas que se apilan hasta que parecen enormes, como perder tus deberes, entrenamientos en demasiados deportes y un amigo que se portó mal contigo.

Cuando tus problemas parecen mayores que tú, mantén tus ojos en Jesús. Míralo a Él, no tanto a tu problema. *Pero* si resbalas, si miras al problema, y si sientes que estás empezando a tener miedo y a hundirte, haz lo que hizo Pedro. Grita: «¡Señor, sálvame!» (Mateo 14:30).

Esa noche hace tanto tiempo atrás, Jesús no espero ni dudó, sino que tomó a Pedro de la mano, y después lo subió a la barca con Él. Sano y salvo. Y Él hará lo mismo contigo.

¡ES TU TURNO!

Si los problemas te preocupan, escríbelos. Ponerles nombre ayuda. Después, habla con Dios sobre ellos. Él te ayudará a saber qué hacer.

¡EL AGENTE ESPECIAL *TÚ*!

Me llenarás de alegría en tu presencia.

SALMOS 16:11 NVI

L os líderes religiosos acusaban a Jesús de muchas cosas. Decían que comía con personas malas. Se quejaban de que hablaba con ladrones y enemigos de los judíos. Le achacaban que recibía a personas de mala reputación, ¡y tenían razón! Jesús hacía todas esas cosas.

Pero nadie dijo jamás que Jesús fuera un gruñón o un malhumorado. Nunca dijeron que era egoísta, egocéntrico o arrogante. Eso era porque Jesús andaba con todo tipo de personas. Iba a las bodas e incluso a pescar con amigos.

El hecho es que era una alegría estar junto a Jesús. No porque se supiera los mejores chistes o porque contara las historias más divertidas, sino porque Jesús se interesaba por todos aquellos que conocía, y nunca era falso ni hipócrita. Nunca fingía ser otra persona para encajar en el grupo. De hecho, Jesús siempre dijo la fea verdad sobre el pecado. Él mandaba que todos obedecieran las directrices de Dios, pero aunque era el Hijo de Dios, no actuaba como si fuera mejor que nadie. Estar con

Jesús le daba a la gente esperanza y paz. La gente sabía que siempre podía contar con que Él los amaría y los ayudaría.

Desde el comienzo, Jesús se ha mantenido en la misión de llevar gozo a la gente. Ahora, quiere que te unas a Él en esa misión, la de ser un agente especial para Él. No tienes una placa (aunque puedes hacerte una, si quieres). No necesitas un automóvil o un avión. Tan solo necesitas un corazón como el suyo. Eso significa que, en lugar de ser egoísta, intentes compartir. Piensa en cómo puedes ayudar a otros antes de pensar en ayudarte a ti mismo. Esfuérzate por ser amable, escuchar y simplemente sonreír. En otras palabras, ama a la gente como lo hizo Jesús. Justo como Él lo sigue haciendo.

ORA

Dios, envíame a una misión hoy. Muéstrame a quién
le puedo compartir hoy tu amor y tu gozo. Amén.

72

CUANDO CREES

*«Yo soy la resurrección y la vida; el que cree
en Mí, aunque muera, vivirá, y todo el que
vive y cree en Mí, no morirá jamás».*

JUAN 11:25-26

Marta le había enviado un mensaje a Jesús unos días atrás. El mensaje decía que Lázaro, el hermano de Marta y amigo de Jesús, estaba enfermo. Marta sabía que, si Jesús llegaba, podía sanar a su hermano. Pero Jesús no llegó, y ahora Lázaro había muerto y llevaba cuatro días sellado en su tumba. Marta aún tenía el corazón partido.

Cuando Marta escuchó que al fin Jesús venía de camino, se apresuró a encontrarse con Él. En cuanto estuvo lo suficientemente cerca, le dijo: «Señor, si hubieras estado aquí, mi hermano no habría muerto. Aun ahora, yo sé que todo lo que pidas a Dios, Dios te lo concederá». «Tu hermano resucitará», le dijo Jesús (Juan 11:21-23).

Marta no sabía cómo haría Jesús que su hermano volviera a vivir, pero sabía quién era Jesús. Ella confiaba en su amor y creía en su poder. Así que cuando Jesús le preguntó a Marta si creía en Él, ella dijo: «Sí, Señor; yo he creído que Tú eres el Cristo, el Hijo de Dios» (v. 27).

Jesús pidió que lo llevaran a la tumba de su amigo Lázaro. Le dijo a la gente allí reunida que rodaran la piedra de la tumba, y entonces oró. Después de eso, Jesús clamó a gran voz: «¡Lázaro, sal fuera!» (v. 43).

Toda la gente miraba fijamente a la entrada de la tumba. Marta y su hermana, María, seguro que contenían la respiración mientras observaban. Quizá incluso habían oído algún pequeño ruido, y entonces, ¡Lázaro salió de la tumba! Fue entonces cuando Marta supo que todo lo que creía sobre Jesús era cierto.

Tu fe no tiene que ser perfecta. No tienes que entender exactamente cómo Jesús es capaz de hacer todo lo que hace. Solo necesitas creer que Jesús es el Hijo de Dios. Confía en su amor y cree en su poder, y Él hará cosas increíbles también en tu vida.

ORA

Señor, creo que Jesús es el Hijo de Dios. Por favor,
ayúdame a amarte y a confiar aún más en ti. Amén.

73

A JESÚS LE IMPORTAS

Dejen a los niños, y no les impidan que vengan a Mí.

MATEO 19:14

¿Alguna vez tienes la sensación de que algunas personas piensan que los niños no son tan importantes como los adultos? ¿Que las personas más grandes, más altas y mayores del mundo son más importantes? Quizá ellos te ignoran o hacen como si no estuvieras ahí. O quizá actúan como si fueras un estorbo.

Algunas personas quizá piensan así, y quizá otras incluso intenten hacerte a un lado solo porque eres pequeño. Pero Jesús no. Tan solo mira lo que hizo cuando los discípulos intentaron impedir que algunos niños se acercaran a Él.

Sucedió un día cuando Jesús estaba enseñando. Algunas mamás y papás llevaron a sus niños a ver a Jesús. Esperaban que Él pusiera sus manos sobre ellos y orara por ellos, pero cuando sus seguidores vieron a todas esas mamás y papás con sus niños acercándose más a Jesús, los detuvieron.

«Jesús no tiene tiempo para esto», decían. «¡Está demasiado ocupado y es demasiado importante como para gastar tiempo con los niños!». Pero Jesús gritó: «Dejen a los niños, y no les impidan que vengan a Mí, porque de los que son como estos es el reino de los cielos» (Mateo 19:14).

Jesús no solo dijo que no debían apartar a los niños, ¡sino que el cielo les pertenece a los que son como ellos! Eso significa que Jesús está buscando personas que no sean arrogantes y estén llenas de orgullo. Personas que no piensen que son mejores que los demás. Y personas que simplemente lo amen y confíen en Él.

Es cierto que algunas personas quizá no tengan tiempo para ti porque eres un niño. Quizá piensen que no eres tan importante, ni tan inteligente, o que no eres merecedor de su tiempo. Pero Jesús no piensa así. Jesús nunca hace eso. Él te defiende, porque tú también le importas.

¡ES TU TURNO!

Hazte amigo de alguien que sea más pequeño que tú. Juega con él, léele una historia, escúchalo y, por encima de todo, ámalo como Jesús te ama.

74

UN DIOS BUENO

Oren sin cesar.

1 TESALONICENSES 5:17

Una vez, Jesús contó una historia sobre la oración y por qué nunca deberíamos dejar de orar.

En la historia, había un juez. No era un juez bueno. No le importaba Dios ni tampoco hacer lo correcto, y no le interesaba lo que la gente pensara de él.

En esa misma ciudad había una viuda. Otro hombre la había engañado, así que no dejaba de acudir al juez para demandar que se hiciera justicia. Pero el juez no quería ayudarla. (Recuerda, él no era un juez bueno). Aun así, la viuda seguía yendo a insistirle. Cuando él llegaba a su lugar de trabajo, ella estaba allí. Cuando se iba a comer, ella estaba allí. La viuda lo miraba fijamente desde el final de la sala toda la tarde. Cuando se iba por un aperitivo, ella estaba ahí. El juez incluso intentaba salir por la puerta de atrás cuando terminaba su trabajo, pero ella igualmente lo encontraba. Y cada vez que la viuda lo veía, le decía: «¡Arregle esta situación!».

La situación llegó al punto que el juez estaba cansado de ver a la viuda. Quería que lo dejara tranquilo, ¡pero ella no se rendía! Finalmente, entendió que la única manera de deshacerse de ella era darle lo que quería. Así que eso fue lo que hizo el juez. No porque quisiera hacer lo correcto, ¡sino que la ayudó porque ella no lo dejaba en paz!

Jesús explicó la historia a sus seguidores. Si un juez malo pudo hacer lo correcto solo para que la mujer no siguiera insistiendo, imaginen lo que un Dios bueno haría; ¡mucho más!

Dios nunca se esconderá de ti, ni se alejará de ti ni intentará evadirte saliendo por la puerta de atrás. Cuando oras a Dios, Él siempre te escucha. Él siempre te ayuda. Él siempre hará lo correcto.

RECUERDA

Nunca dejes de orar. Dios te *responderá*.

75

JESÚS VE

Dichosos más bien —contestó Jesús— los que oyen la palabra de Dios y la obedecen.

LUCAS 11:28 NVI

Un día, Jesús estaba sentado con sus discípulos cerca de la caja de recaudación del templo. Las personas estaban llevando sus donativos de dinero a Dios.

La gente rica se acercaba y dejaba enormes puñados de monedas. *¡CLANG! ¡CLANG!* Todos oían y miraban para ver quién daba esos donativos a Dios. Otros, que no eran tan ricos, también llevaban sus monedas. *Clang. Clink. Clang.* Unas cuantas personas miraban y también los veían. Entonces, una viuda pobre se acercó. Sacó su mano calladamente y dejó dos pequeñas monedas en la caja. No valían ni un penique. No hubo ningún clang ni un clink. Nadie vio ni oyó nada. Salvo Jesús.

Luego Jesús se dirigió a sus discípulos y dijo: «Les aseguro que esta viuda pobre ha echado en el tesoro más que todos los demás. Estos dieron de lo que les sobraba; pero ella, de su pobreza, echó todo lo que tenía, todo su sustento» (Marcos 12:43-44, NVI).

Dios le dijo a su pueblo que diera, e incluso aunque esa pobre viuda no tenía mucho que dar, confiaba en Dios y lo obedeció. Nadie la vio y a nadie le importó. Excepto a Jesús.

Por eso es que Jesús ve todas las cosas pequeñas que haces para obedecerlo. Él te ve diciendo la verdad cuando hubiera sido más fácil mentir. Él te ve deteniéndote para ayudar cuando hubiera sido más fácil seguir caminando y pasar de largo. Él te ve cuando oras por un amigo, eres amable con un enemigo, y le echas una mano a tu vecino.

Ahora bien, la Biblia no nos dice qué le ocurrió después a esa pobre viuda, pero creo que mientras regresaba a casa ese día, se encontró con una vieja amiga que le dijo: «Quédate a cenar hoy conmigo». Porque Jesús ve y Él bendice a los que lo obedecen.

ORA

Señor, ayúdame a obedecerte y a hacer las
cosas que a ti te alegran. Amén.

76

EL MEJOR HERMANO
DEL MUNDO

«Yo los escogí a ustedes».

JUAN 15:16

M i hermano mayor solía molestarme. *Mucho.* Si tienes un hermano o una hermana, quizá sepas de lo que estoy hablando. Se llamaba Dee. Y para Dee, el día no empezaba a ir bien hasta que no me arruinaba el mío.

¡Pero hubo una vez en la que hizo que mi día fuera *maravilloso!*

Era un día caluroso y brillante de verano. Mi mamá le había dicho a Dee que cuidara de mí. Podía ir al parque a jugar básquet con sus amigos, pero solo si me llevaba con él. Dee se quejó y protestó, e incluso dio un par de pisotones en el piso. Después accedió. No había manera de que se quedara sin el partido de básquet diario.

Fuimos al parque y llegó el momento de escoger los equipos. Yo me quedé en el fondo y sabía que me quedaría atrás hasta el final. Nadie iba a escoger al hermano pequeño de Dee.

Fue entonces cuando sucedió el milagro. Yo solo sé que, cuando los ángeles del cielo se sientan y hablan de todos los grandes momentos que han visto, este momento entra en la lista. *Mi hermano me escogió.* No, no me escogió de primero, pero tampoco me escogió de los últimos.

Cuando escuché mi nombre, no lo podía creer. «¿Quién, yo?».

«Sí, ¡tú!», dijo mi hermano, actuando como si no le importara. Yo me pavoneé al pasar delante de los demás chicos que aún no habían sido escogidos, y me puse orgulloso al lado de mi hermano mayor, aquel que me escogió.

Dee no me escogió porque era un gran jugador. Me escogió porque era mi hermano mayor.

Cuando decides seguir a Jesús, Dios te adopta como su propio hijo (1 Juan 3:1). Eso significa que Jesús es tu hermano mayor, y cuando llega el momento de hacer los equipos, Él siempre menciona tu nombre. «Sí, tú», dice Él, «quiero que estés en mi equipo».

¡ES TU TURNO!

La próxima vez que seas el que escoja los equipos, elije al chico que siempre escogen al final. Elígelo primero ¡y observa qué gran sonrisa muestra!

77

¡HOLA, VECINO!

*Anden en amor, así como también Cristo les
amó y se dio a sí mismo por nosotros.*

EFESIOS 5:2

Cada una de las leyes del Antiguo Testamento se puede resumir en dos mandamientos. El primer mandamiento es amar a Dios. El segundo es amar a tu prójimo.

El primer mandamiento es bastante claro, ¿verdad? A fin de cuentas, solo hay un Dios, y es tan asombroso y maravilloso que es fácil de amar. Pero ¿qué hay de ese segundo mandamiento? ¿Quién es nuestro prójimo? ¿Es solo la persona que vive en la puerta de al lado? ¿O podría significar algo más esa ley? Bueno, hace mucho tiempo, alguien le hizo a Jesús esa misma pregunta, y fue entonces cuando Jesús contó esta historia:

Un judío viajaba por el camino que va de Jerusalén a Jericó. Unos ladrones lo asaltaron, golpeándolo y robándole todas sus cosas, y lo dejaron tirado en el polvo. Un poco después, un sacerdote judío pasó por su lado. Vio al hombre, pero no se detuvo a ayudarlo.

Después, un levita, un hombre que trabajaba en el templo, pasó por su lado, pero él tampoco ayudó al individuo. Después, un samaritano que viajaba por el camino lo vio. El samaritano se compadeció del hombre, aunque los samaritanos y los judíos por lo general se odiaban entre sí. Así que vendó las heridas del hombre y lo subió a su propio burro. El samaritano lo llevó a una posada cercana. Allí gastó su propio dinero para pagar al posadero a fin de que se ocupara del hombre (Lucas 10:30-35, parafraseado).

Cuando Jesús terminó su historia, preguntó: «¿Cuál de estos tres piensas tú que demostró ser prójimo del que cayó en manos de los salteadores?» (v. 36).

Jesús te está haciendo esta misma pregunta: ¿quién fue el prójimo para ese hombre herido? Fue el que ayudó al hombre, ¿verdad?

En nuestro mundo de hoy, la gente está muy ocupada destacando todas las formas en las que somos distintos. Tenemos aspectos distintos. Hablamos idiomas distintos. Y venimos de lugares distintos. Pero lo que Jesús quiere que veamos es que Dios nos ama a todos. Y eso hace que todos seamos prójimos. Así que deberíamos todos estar ocupados amándonos y ayudándonos unos a otros.

ORA

Dios, mientras camino en este día, ayúdame a ver a *todos* mis prójimos. Y enséñame cómo puedo amarlos y ayudarlos. Amén.

78

CADA UNA DE ELLAS

*Amados, si Dios así nos amó, también nosotros
debemos amarnos unos a otros.*

1 JUAN 4:11

¿Ese chico? Sí. ¿Y ella qué? ¡Por supuesto! ¿Y ellos? Sí, ellos también. Cada una de las personas que ves es alguien a quien Dios ama. Y eso es porque cada una de ellas fue creada por Dios a su imagen, lo que significa que cada persona es alguien a quien debes tratar con amor y amabilidad.

Como lo hizo Jesús.

Un día, multitudes de personas se reunieron en torno a Jesús. Entonces, un hombre se acercó y se postró ante Él. El hombre estaba cubierto por una terrible enfermedad de la piel llamada lepra. La ley decía que tenía que mantenerse lejos de la gente. No podía ir a la sinagoga ni al mercado. No podía estar con amigos ni familiares. Sin abrazos, ni palmaditas en la espalda, ni saludos cordiales. Incluso tenía que gritar: «¡Inmundo! ¡Inmundo!» para advertir a las personas que se mantuvieran alejadas de él.

Pero el hombre sabía que Jesús podía ayudarlo. Con valentía, se acercó a Jesús y le dijo: «Señor, si quieres, puedes limpiarme» (Mateo 8:2).

Las multitudes probablemente dijeron: *«¡Un leproso!»* mientras se apartaban y se cubrían el rostro con sus mangas.

Pero Jesús no dio un grito ahogado, ni dio un paso atrás, ni se cubrió el rostro. Él se *acercó* y *tocó* al hombre que nadie más quería tocar. Sí, Jesús sanó al hombre de su enfermedad, pero también tocó el corazón del hombre con amor y bondad.

Hay personas en todo lugar que necesitan tu amor y tu bondad, desde la mujer indigente de la esquina que empuja su carrito lleno de andrajos y botellas, el trabajador del comedor que retira los platos con residuos de carne, hasta el chico con el que nadie quiere hablar.

Imagínate lo que sucedería si todos nos tratáramos con amor y bondad. No habría más luchas, ni delitos, ni guerras. No habría más mentiras ni robos. Y el mundo sería un lugar mucho más parecido al cielo. ¡Qué cambio tan maravilloso sería ese!

¡ES TU TURNO!

Cambia la esquina de tu mundo. Escoge a alguien hoy con quien mostrarte muy amable. Mañana, escoge a otra persona y después a otra. Que el cambio empiece contigo.

79

DIOS *RESPONDERÁ*

Clama a Mí, y Yo te responderé.

JEREMÍAS 33:3

M e encanta el cielo azul y el arcoíris. Me encantan los días felices y las sonrisas. Y me encanta que la gente a la que amo sea feliz. ¿Y a ti?

El problema es que vivimos en un mundo donde hay pecado. Aunque Dios creó el mundo perfecto al principio, cuando entró el pecado, también entraron cosas como tormentas, enfermedades y tristeza. Estas son las cosas por las que puedes orar.

Dios responderá tus oraciones. Cada una de ellas. A veces su respuesta será sí y Dios te dará exactamente lo que le pediste. Otras veces la respuesta será no y quizá no entiendas por qué. Sin embargo, puedes confiar en que Él está haciendo lo mejor para ti. Otras veces Dios dirá: «Ahora no, pero estoy trabajando en ello para ti». Pero Dios siempre *responderá*, aunque no veas su respuesta en el momento. Eso es lo que le ocurrió a un padre que estaba preocupado por su hijo.

Jesús había descendido a la ciudad de Caná de Galilea. Un oficial del ejército escuchó que Jesús estaba allí. Él vivía en Capernaúm, una ciudad a un día de camino de Caná, pero el hijo del oficial estaba muy enfermo, y sabía que necesitaba la ayuda de Jesús. Así que el oficial se fue a Caná. Cuando encontró a Jesús, el oficial le rogó que fuera con él y sanara a su hijo, pero Jesús dijo: «Puedes irte, tu hijo vive» (Juan 4:50).

El hombre le creyó a Jesús y comenzó su viaje de regreso a casa. Cuando llegó, su hijo estaba sano. Los siervos del oficial le dijeron que el chico había sido sanado en el momento exacto en que Jesús había dicho que estaría bien. El oficial y todos los de la casa creyeron entonces que Jesús era el Hijo de Dios.

¿Has observado algo sobre la oración en esa historia? Jesús no hizo exactamente lo que le había pedido el oficial. No fue a la casa del oficial y el oficial no vio su respuesta al instante. Primero tuvo que viajar hasta su casa, confiando durante cada paso del camino que Jesús había respondido su oración. Jesús lo hizo. Y Él también responderá tus oraciones.

RECUERDA

Dios responde las oraciones.

80

UNA SEGUNDA OPORTUNIDAD

Perdonándose unos a otros, si alguien tiene queja contra otro.
Como Cristo los perdonó, así también háganlo ustedes.

COLOSENSES 3:13

Zaqueo era un hombre pequeño. En otras palabras, era bajito. Pero cuando se trataba de recaudar los impuestos de los judíos, Zaqueo era grande y poderoso.

El problema con Zaqueo estaba en que era un judío que trabajaba para los romanos. Esos eran los mismos romanos que gobernaban sobre el pueblo judío. Los impuestos que Zaqueo recaudaba eran para los romanos. Y como muchos recaudadores de impuestos de ese tiempo, Zaqueo a menudo recolectaba dinero extra de los «impuestos» y se lo quedaba para él. Se hizo muy rico engañando y robando a su propio pueblo.

A nadie le caía bien Zaqueo.

Entonces, un día, Jesús llegó a la ciudad. Zaqueo quiso verlo. Como era bajito, no podía ver con la multitud que se había reunido, así que se subió a un árbol. Cuando Jesús pasaba por allí, miró hacia arriba y vio a Zaqueo, entonces le dijo: «Zaqueo, date prisa y desciende, porque hoy debo quedarme en tu casa» (Lucas 19:5).

Zaqueo estaba feliz, pero las demás personas no. «¡Zaqueo es un pecador!», se quejaban.

Zaqueo escuchaba los gritos de la multitud. Miró a Jesús y dijo: «Mira, Señor: Ahora mismo voy a dar a los pobres la mitad de mis bienes y, si en algo he defraudado a alguien, le devolveré cuatro veces la cantidad que sea» (v. 8, NVI). Zaqueo quería cambiar de vida. Ver a Jesús le dio la valentía para hacerlo.

La multitud ese día no quería darle a Zaqueo una segunda oportunidad, pero esa era la única razón por la que Jesús vino a esta tierra: para dar segundas oportunidades a todo el que quiera y necesite una. Y terceras oportunidades. Y cuartas oportunidades. E incluso setenta y siete oportunidades.

¿Estás dispuesto a hacer lo mismo? ¿Estás dispuesto a dar una segunda oportunidad incluso a los que te han mentido o engañado?

Porque Jesús está dispuesto a darte una segunda oportunidad.

¡ES TU TURNO!

¿Hay alguien a quien tengas que perdonar? Ora por
esa persona y pídele a Dios que le bendiga. Es más
difícil odiar a alguien por el que estás orando.

81

EL VERDADERO ÉXITO

Tú eres mi Dios, eres todo lo que tengo; tú
llenas mi vida y me das seguridad.

SALMOS 16:5ᴛʟᴀ

¿Qué significa para ti el éxito? ¿Es ser el chico más popular de tu clase? ¿Es sacar la pelota de béisbol del estadio de un golpe? ¿O cantar un solo? ¿O sacar la mejor calificación en tu trabajo de clase?

Para una mujer llamada Marta, era ser la anfitriona de la cena perfecta. Verás, Jesús y sus discípulos habían llegado a la ciudad, a *su* casa. El *Hijo de Dios* iba a comer la cena que ella preparó. Además, también iba a alimentar a todos sus discípulos.

Marta corría de un lado a otro de su cocina. ¿Cómo prepararía el cordero? ¿Habría pan suficiente? Marta cortó y revolvió, pero se sentía incómoda.

¿Por qué? ¡Porque ella estaba haciendo todo el trabajo mientras su hermana María permanecía sentada! Está bien, estaba sentada y escuchando a Jesús. Pero estaba sentada. Marta se sentía cada vez más enojada, hasta que no pudo aguantar más. «Señor», dijo, «¿no te importa que mi hermana me deje servir sola? Dile, pues, que me ayude».

Pero Jesús sabía lo que Marta pensaba sobre todas las cosas erróneas. «Una sola cosa es necesaria», dijo Jesús. «María ha escogido la parte buena, la cual no le será quitada» (Lucas 10:40-42).

Tenemos que recordar pensar en las cosas que son más importantes, como aprender de Jesús. Y tenemos que dar nuestro tiempo y nuestra atención a las cosas que duran, como su amor y nuestra fe en Él. Verás, la cena de Marta se habría terminado a la hora de acostarse. Ser popular solo dura mientras alguien piense que tú eres genial. Sacar la pelota del estadio y cantar un solo son cosas geniales, durante uno o dos minutos. Y esa sensación por la calificación de tu trabajo termina cuando el maestro te da un nuevo trabajo que hacer.

El verdadero éxito no viene de lo que hacemos. El verdadero éxito viene cuando escogemos a Jesús.

ORA

Dios, es muy fácil enredarse haciendo todas las cosas
que el mundo dice que son buenas. No permitas que
me olvide de que pasar tiempo contigo es lo mejor.

82

SIGUE EL EJEMPLO
DE JESÚS

*Pues si Yo, el Señor y el Maestro, les lavé los pies,
ustedes también deben lavarse los pies unos a
otros. Porque les he dado ejemplo, para que como
Yo les he hecho, también ustedes lo hagan.*

JUAN 13:14-15

Era la noche antes de la cruz, pero los discípulos no lo sabían. Se habían reunido con Jesús para la fiesta de la Pascua. Sus pies estaban sucios y polvorientos de caminar por las calles de la ciudad. No había ningún siervo que se los lavara, y ninguno de los discípulos quería lavarles los pies a los demás. Eran los discípulos de Jesús. Eran demasiado importantes para eso ahora.

Durante la cena, Jesús se puso de pie. Se quitó su túnica, tomó una toalla y se la envolvió en su cintura. Puso agua en un recipiente y se arrodilló delante del primer discípulo. Entonces, Jesús comenzó a lavar los pies de los discípulos. Los secó con la toalla y pasó al siguiente discípulo.

¡Los discípulos no podían creer lo que estaban viendo! ¿Qué estaba haciendo Jesús? Él era demasiado bueno para estar lavando pies. Solo los siervos más bajos hacían ese trabajo. Pero ahí estaba Jesús, el Hijo de Dios, lavando los pies de los discípulos. Cuando se los lavó a todos, Jesús se puso su túnica y se volvió a sentar. Entonces les hizo una pregunta: «¿Entienden lo que he hecho con ustedes? [...] Pues, si yo, el Señor y el Maestro, les he lavado los pies, también ustedes deben lavarse los pies los unos a los otros. Les he puesto el ejemplo, para que hagan lo mismo que yo he hecho con ustedes» (Juan 13:12-15, NVI).

Jesús sirvió. Eso es lo que vino a hacer. Sirvió de maneras importantes, como al morir en la cruz; y sirvió de miles de formas pequeñas, como al lavar los pies de los discípulos. Si Jesús estuvo dispuesto a servir incluso de las formas más triviales, ¿no deberíamos nosotros seguir su ejemplo? ¿No deberíamos nosotros servir también?

RECUERDA

Jesús sirvió, ¡así que nosotros también deberíamos hacerlo!

83

JESÚS YA LO SABE

*Pero Dios demuestra su amor para con nosotros, en que
siendo aún pecadores, Cristo murió por nosotros.*

ROMANOS 5:8

Los discípulos estaban sentados alrededor de la mesa. Era la última vez que compartirían una comida con Jesús. Los discípulos no lo sabían, pero Jesús sí.

Más tarde esa misma noche, Jesús sería arrestado. Al día siguiente, sería clavado en una cruz de madera y enterrado en el sepulcro de otra persona. Los discípulos no sabían nada de eso, pero Jesús sí.

Jesús sabía algunas cosas más también. Sabía que uno de sus amigos lo entregaría a sus enemigos. Tres de sus discípulos se dormirían en el huerto esa noche, aunque les había rogado que se quedaran despiertos y oraran con Él. Y todos ellos huirían y lo abandonarían.

Jesús sabía todas esas cosas, pero no se enojó ni riñó con ellos. Al contrario, Jesús se levantó de la cena, tomó un recipiente con agua y la vertió en un tazón. Después, uno a uno, lavó los pies de sus discípulos. No evadió al que iba a traicionarlo, a los tres que se dormirían ni a cualquiera de los demás que huirían. Los discípulos estaban confundidos. ¿Por qué les estaba Jesús lavando los pies? «Lo entenderás después», dijo Jesús (Juan 13:7).

Creo que así fue.

Más tarde, esa misma noche, Jesús *fue* arrestado, y aunque los discípulos habían prometido no dejarlo nunca, todos huyeron. Tenían miedo de ser arrestados también. Cuando dejaron de correr y cayeron al suelo, ¿qué crees que vieron? Sus pies. Los mismos pies que Jesús les había lavado.

Jesús sabía que iban a huir. Él lavó sus pies para que supieran que ya los había perdonado.

Si alguna vez te preocupa haber hecho algo demasiado terrible, demasiado feo, demasiado doloroso como para que Jesús lo perdone, la respuesta es que no es así, porque Jesús ya lo sabe. Y así como hizo con sus discípulos, Él ya te ofreció su gracia. Lo único que tienes que hacer es decir: «Gracias» y seguirlo.

RECUERDA

Jesús te ofrece gracia, ¡incluso antes de que la necesites!

84

JESÚS ORA POR TI

Por lo cual Él también es poderoso para salvar para
siempre a los que por medio de Él se acercan a Dios, puesto
que vive perpetuamente para interceder por ellos.

HEBREOS 7:25

Jesús oró por sus discípulos. Incluso antes de que les pidiera que lo siguieran, Jesús oró por ellos toda la noche (Lucas 6:12). Cuando supo que el diablo iba a probar a Pedro, Jesús oró por él (Lucas 22:32). Y antes de ser arrestado, cuando supo que lo abandonarían, Jesús oró para que Dios los mantuviera seguros (Juan 17:11, 15), los ayudara a estar unidos (v. 11) y les diera su gozo (v. 13).

Jesús también oró por ti esa noche, hace tanto tiempo, antes de ser arrestado (vv. 20-23). Pero ese no fue el final de la oración de Jesús por ti. Fue solo el comienzo. Jesús siempre está orando por ti. Incluso en este momento, Él está sentado a la derecha de Dios en el cielo y le pide a Dios que te ayude (Hebreos 7:25). Y cuando el diablo se presenta ante Dios y le señala algo malo que tú hiciste, Jesús te defiende (1 Juan 2:1).

Recuerda eso la próxima vez que estés en medio de un desastre y te preguntes dónde está Jesús. No importa si es un desastre que tú has provocado con tus propias malas decisiones, una pelea con tu mejor amigo o un desastre por los problemas que golpean tu vida, siempre puedes saber dónde está Jesús.

Jesús está orando por ti. Le está pidiendo a Dios que te dé lo que necesitas. No tienes que arreglar el desastre, hacer las paces con tu amigo ni limpiar todas las dificultades tú solo. ¡Tienes al Hijo de Dios a tu lado para ayudarte!

Solo imagina: cuando hayas tenido un día realmente duro y todo parezca salir mal, Jesús dice: «Papá, ¿podrías enviar un poco de bendición para _____ hoy?». «Padre, _____ podría usar tu ayuda hoy». «Abba, ¿podrías enviar a un amigo a _____ hoy?».

Y puedes estar seguro de que, cuando Jesús ora, todo el cielo escucha.

ORA

Gracias, Jesús, por orar por mí. Amén.

85

RASGADA EN DOS

*Ninguna otra cosa creada nos podrá separar del amor
de Dios que es en Cristo Jesús Señor nuestro.*

ROMANOS 8:39

Cuando se construyó el templo, Dios ordenó que los trabajadores colgaran en su interior una cortina. Esa cortina no era de tela común y corriente como las que se ponen tras una ventana, como las cortinas de nuestra casa. Estaba hecha de lana y tejida con hilos azules, púrpuras y escarlatas. Era tan gruesa como tu mano, de veinte metros de longitud y diez metros de anchura. ¡Era una pared de tejido! Y su función era separar el Lugar Santo del templo del Lugar Santísimo.[5]

¿Por qué había que separar esos dos lugares? Porque el Lugar Santísimo representaba el trono de Dios. Era donde estaba el arca del pacto y donde residía la presencia de Dios. Solo el sumo sacerdote podía entrar ahí, y solo un momento, una vez al año.

Esa cortina hacía algo más que separar una sala de otra. Era un símbolo de que Dios estaba separado de su pueblo. Verás, Dios es santo, y eso significa que no hay ni la más mínima pizca de maldad, oscuridad o pecado en Él. Y eso significa que no puede estar cerca del pecado. Por desgracia, la gente está llena de pecado, lo cual significa que la gente no puede estar cerca de Él. Por eso era necesaria la cortina: para mantener a la gente separada de Él.

Pero después vino Jesús. Él pagó por nuestros pecados en la cruz. Cuando murió, la cortina se rasgó en dos. Y no fue por manos humanas, ya que habría sido de abajo a arriba. Se rasgó de *arriba* hacia *abajo*. Dios mismo agarró esa cortina y la partió en dos. Ahora no hay nada, ni siquiera el pecado, que pueda separarnos de Él.

Jesús pagó por nuestros pecados en la cruz. El pecado ya no puede apartarnos de Dios. Eso significa que ya no necesitas un sumo sacerdote que ore por ti. Puedes entrar en el trono de Dios y hablar con Él. No hay nada, ni siquiera el pecado, que pueda alejarte de Él.

ORA

Dios, entro en tu trono y me postro a tus pies. Gracias, Dios, por llevar el pecado que me alejaba de ti. Amén.

86

NO LO GUARDES
COMO UN SECRETO

*Pues no me avergüenzo de la Buena Noticia
acerca de Cristo, porque es poder de Dios en
acción para salvar a todos los que creen.*

ROMANOS 1:16 NTV

Cuando Jesús murió en la cruz, era un viernes por la tarde. Los líderes religiosos querían que su cuerpo descendiera de la cruz antes de que se pusiera el sol ese día y comenzara la celebración de la Pascua.

Un hombre llamado José de Arimatea fue a ver a Pilato, el gobernador romano. Le preguntó si podía llevarse el cuerpo de Jesús. Verás, José era un seguidor secreto de Jesús. Debía ser un hombre poderoso para que le permitieran hablar con Pilato. Algunos creen que podría haber sido incluso uno de los líderes religiosos judíos. Pero mientras Jesús estaba vivo, José fingía no amarlo, porque tenía miedo de esos líderes.

José no estaba solo ese día. Nicodemo fue con él. Nicodemo era uno de los líderes religiosos, pero también seguía a Jesús en secreto porque tenía miedo. Nicodemo llevó con él treinta y cinco kilos de especias para embalsamar el cuerpo de Jesús. Era bastante, como para enterrar a un rey. Juntos, envolvieron el cuerpo de Jesús en telas con las especias. (Así es como los judíos enterraban a los muertos). Después pusieron su cuerpo en la propia tumba de José (Mateo 27:60). Sellaron la tumba con una piedra. Ordenaron poner guardias cerca; y el sol se puso en ese triste día.

Pilato y los líderes religiosos querían mantener a todos distraídos. Nadie se preocupaba por Jesús. Pero les debería haber preocupado. Porque el domingo la piedra rodó y Jesús resucitó para volver a vivir.

En la cruz, José y Nicodemo se dieron cuenta de que no importaba lo que pensaran esos líderes religiosos. La Biblia no nos dice qué les sucedió después de ese día, pero una cosa es segura, y es que su amor por Él dejó de ser un asunto secreto.

Algunas cosas deben guardarse como un secreto, como las fiestas sorpresa y los regalos de cumpleaños, pero otras cosas se deben compartir. No guardes tu amor por Jesús en secreto. Deja que todo el mundo sepa que lo amas.

RECUERDA

¡No te avergüences de demostrar lo mucho que amas a Jesús!

87

LA MAÑANA EN QUE TODO CAMBIÓ

[Jesús] No está aquí, porque ha resucitado, tal como Él dijo.

MATEO 28:6

Era la mañana de domingo, muy temprano, el domingo después de que Jesús murió en la cruz. El cielo aún estaba oscuro. María Magdalena y las demás mujeres iban lenta y tristemente hacia la tumba. Los discípulos estaban escondidos, aun un poco temerosos de ser arrestados. Pilato, el gobernador romano, probablemente estaba profundamente dormido, y Jesús estaba muerto y enterrado. ¿Correcto?

¡Incorrecto!

De repente se produjo un gran terremoto y un ángel descendió del cielo. Rodó la piedra que protegía la tumba y se sentó sobre ella. Y lo único que temblaba más que el suelo eran los soldados que guardaban la tumba, justo antes de que se desmayaran.

El ángel vio a las mujeres y dijo: «No tengan miedo; sé que ustedes buscan a Jesús, el que fue crucificado. No está aquí, pues ha resucitado, tal como dijo. Vengan a ver el lugar donde lo pusieron» (Mateo 28:5-6, NVI).

Esa fue la mañana en que todo cambió. Para María Magdalena y las demás mujeres, para los discípulos, y para ti y para mí. Todo cambió porque Jesús resucitó de los muertos.

La muerte dejó de ser el final de todo. De hecho, para los que aman y obedecen a Jesús, es el más maravilloso de los comienzos: un comienzo de la vida con Dios en el cielo. Verás, cuando Jesús murió en la cruz, tomó el castigo por todos tus pecados. Puedes ser perdonado y tener paz con Dios de nuevo, y cuando Jesús resucitó de la tumba, cuando volvió a la vida, abrió las puertas del cielo y les dijo a todos los que creyeran en Él y le obedecieran: «¡Bienvenidos!».

Ese fue el final de la muerte para los que aman y obedecen a Jesús. Y todo comenzó en una bonita mañana. Una mañana que lo cambió todo.

ORA

Dios, gracias por Jesús. Lo diré un millón de
veces más: gracias, ¡gracias por Jesús! Amén.

88

MANTENTE VIGILANTE

*El llanto puede durar toda la noche, pero a
la mañana vendrá el grito de alegría.*

SALMOS 30:5

María Magdalena sabía mucho sobre tristeza y sufrimiento. Antes de conocer a Jesús habían vivido dentro de ella siete demonios, pero entonces llegó Jesús y los expulsó. Fue entonces cuando María aprendió a volver a ser feliz. Ella pasó sus días sirviendo a aquel que la salvó.

Pero después Jesús fue arrestado, clavado en la cruz y enterrado en una tumba, y María se llenó de un tipo distinto de tristeza y sufrimiento. Toda la noche del viernes, todo el largo fin de semana, lloró por quien la había salvado.

Llegó el domingo en la mañana y María fue a servir a su Salvador una última vez; pero, en cambio, se encontró con una tumba vacía. María pensó que alguien había robado su cuerpo, por lo que su tristeza aumentó aún más. Mientras permanecía de pie fuera de la tumba esa mañana, las lágrimas recorrían su rostro. Cuando María pensó que había visto al jardinero, le rogó que le dijera dónde estaba el cuerpo de Jesús.

Fue entonces cuando el hombre, que no era el jardinero, simplemente dijo: «María».

Solo una palabra. Su nombre, ¡y María supo al instante que era Jesús! Por tres días, todo el mundo de María había sido oscuro y triste, y había estado lleno de lágrimas. Pero llegó la mañana y su vida de repente se llenó de la luz y el gozo de Jesús.

Sí, hay momentos tristes y momentos difíciles. Hay tiempos en los que lo único que quieres es llorar, pero el gozo siempre regresa otra vez. Mantén tus ojos abiertos. Espéralo. Mantente vigilante. El gozo volverá otra vez. Dios nos dio la promesa de que la tristeza no duraría para siempre y, como Jesús resucitó de la tumba, sabemos que Dios ha cumplido su promesa.

RECUERDA

Mantén tus ojos abiertos. Mantente vigilante
¡porque viene de nuevo el gozo!

89

DIOS PUEDE

El Espíritu de Aquel que resucitó a Jesús de entre los muertos habita en ustedes.

ROMANOS 8:11

Cuando las mujeres encontraron la tumba vacía ese domingo en la mañana, corrieron. No caminaron ni se alejaron por un rato. Corrieron directamente a ver a los discípulos. Esas mujeres no entendían aún lo que había sucedido, pero sabían que la tumba de Jesús estaba vacía.

Pedro y Juan oyeron las noticias de las mujeres y se dirigieron a la tumba. Tampoco fueron caminando. Corrieron todo el camino hasta llegar allí. Juan fue más rápido y le ganó a Pedro al llegar de primero a la tumba. Miró adentro y vio las telas en la tumba vacía. Pero no entró. Pedro llegó y, como siempre atrevido, él sí entró. Ahí estaba la tela que había envuelto la cabeza de Jesús. Estaba perfectamente doblada y puesta a un lado. Entonces Juan también entró. «Y vio y creyó» (Juan 20:8).

¿Qué vio Juan? No había visto aún al Jesús resucitado. Vio las telas, las tiras de lino usadas para envolver el cuerpo, que estaban allí. No estaban tiradas por el suelo. Ningún ladrón de tumbas hubiera hecho eso.

Jesús simplemente había salido de ellas y las había dejado allí. ¡Jesús había resucitado de la muerte!

¿Por qué la tumba vacía es tan importante? Porque Jesús había dicho a sus discípulos que volvería a vivir y esa tumba vacía demuestra que lo que dijo era verdad. Demuestra que Jesús realmente era el Hijo de Dios. Ningún hombre pudo vencerlo. Ni siquiera el diablo pudo derribarlo. Y, si el poder de Dios es tan grande que puede derrotar a la muerte, entonces puedes estar seguro de que ese mismo poder puede cuidar de ti.

Dios puede hacer todo lo que dijo que haría. Él es capaz de cumplir todas sus promesas. Así que, cuando dice que nunca te dejará, que siempre te ayudará y que siempre te salvará, Dios puede hacer lo que dice.

ORA

Dios, sin importar lo que me pase hoy, sé
que tú puedes cuidar de mí. Amén.

90

TACOS DE PESCADO

Cuando acabaron de desayunar, Jesús dijo a Simón
Pedro: «Simón, hijo de Juan, ¿me amas más que estos?».
«Sí, Señor, Tú sabes que te quiero», le contestó Pedro.

JUAN 21:15

La noche antes de que Jesús fuera a la cruz, advirtió a Pedro: «Te digo, Pedro, que el gallo no cantará hoy hasta que tú hayas negado tres veces que me conoces» (Lucas 22:34). Pero Pedro no le creyó.

Después, los soldados arrestaron a Jesús. Pedro los siguió hasta la casa del sumo sacerdote. Él se quedó afuera e intentaba que no lo vieran, pero *sí* lo vieron. Tres personas acusaron a Pedro de estar con Jesús, y las tres veces Pedro dijo que ni siquiera lo conocía. Fue entonces cuando cantó el gallo, justo como Jesús dijo. Pedro se fue corriendo avergonzado y lloró.

Pero ese no fue el final de la historia de Pedro. Cuando Jesús murió y resucitó, fue a buscar a Pedro. Jesús encontró a Pedro en una barca, pescando con algunos de los otros discípulos. Los discípulos habían estado pescando toda la noche, pero no habían atrapado ni un solo pez.

Jesús les dijo que arrojaran las redes al otro lado de la barca. Los discípulos al principio no reconocieron a Jesús, pero siguieron sus instrucciones. Y la pesca prácticamente saltó a sus redes. ¡Ahora sabían que era Jesús! Pedro saltó de la barca, nadó hasta la orilla y corrió en dirección al Señor.

Jesús estaba esperando a Pedro al lado de una fogata. Había preparado un desayuno de pan y pescado: los antiguos tacos de pescado. Jesús le preguntó tres veces a Pedro: «¿Me amas?». Y las tres veces Pedro dijo: «Sí, Señor». ¿Por qué *tres* veces? Porque Pedro había dicho tres veces que no conocía a Jesús. Jesús quería que Pedro supiera que lo había perdonado del todo por las tres veces.

Cuando decides hacer lo incorrecto, eso se llama pecado. El pecado es como huir de Jesús, pero al igual que las tres grandes mentiras de Pedro, ningún pecado es el final de tu historia, porque Jesús te buscará, así como buscó a Pedro, y siempre estará esperando perdonarte por completo en cuanto regreses a Él corriendo.

¡ES TU TURNO!

Jesús nunca deja de amarte, ni siquiera cuando pecas. Pero tienes que acudir a Él. Dile: «Jesús, sé que ——————— estuvo mal, y lo siento. Por favor, perdóname». ¡Y Él lo hará!

91

UN AYUDADOR PARA TI

Y yo le pediré a Dios el Padre que les envíe al
Espíritu Santo, para que siempre los ayude.

JUAN 14:16 TLA

S i alguien te preguntara quién es Dios, tú sabrías la respuesta, ¿verdad? Él es el Creador de todo. Es el Señor de todo y el que puede hacer cualquier cosa.

Si alguien te preguntara quién es Jesús, esa también es bastante fácil de responder. Jesús es el Hijo de Dios. Nació como un bebé en Belén. Murió para salvarnos de nuestros pecados y resucitó para volver a vivir.

Pero si alguien te preguntara quién es el Espíritu Santo, ¿qué le dirías? Muchos, incluso adultos, no sabemos cómo responder a esa pregunta.

«Entonces, ¿quién es el Espíritu Santo?», te preguntas. Es el propio Espíritu de Dios. Verás, Dios no es como tú y como yo. Tú eres solo tú y yo soy solo yo. Pero Dios es tres personas en una, a la vez. ¡Él es Dios Padre, Jesús el Hijo y Dios Espíritu Santo! Lo sé… es un poco difícil de entender. Sin embargo, esta es la gran noticia: no tenemos que entender por completo al Espíritu Santo. Solo tenemos que saber que el Espíritu

Santo viene a vivir en nuestro interior y nos ayuda cuando decidimos seguir a Jesús.

¿Cómo nos ayuda el Espíritu Santo? Estas son solo unas cuantas maneras:

- Está siempre contigo (Juan 14:16).
- Te consuela cuando estás triste o tienes miedo (Salmos 94:19).
- Te enseña lo que realmente significan las palabras de Dios en la Biblia (Juan 14:26).
- Te recuerda las palabras de Dios cuando las necesitas (Juan 14:26).
- Te ayuda a orar (Romanos 8:26).

Por lo tanto, si alguien te pregunta quién es el Espíritu Santo, ¡ahora sabes qué decir!

ORA

Dios, gracias por enviar al Espíritu Santo para ayudarme a vivir como tú quieres que viva. Amén.

92

NO PUEDES CALLAR

*Pues tú serás su testigo [de Dios]; les contarás
a todos lo que has visto y oído.*

HECHOS 22:15 NTV

Hay veces en las que no te puedes quedar callado y hay otras veces en las que hablar puede meterte en problemas, como en la biblioteca. Pero hay veces en las que los problemas valen la pena, como cuando estás hablando de Jesús. Eso es lo que decidieron los discípulos.

Verás, cuando Jesús regresó al cielo, ellos comenzaron a hablarles a todos de Él. A los líderes religiosos no les gustó eso. Querían que los discípulos estuvieran callados, así que los encerraron en la cárcel. Pero, durante la noche, un ángel del Señor llegó y abrió las puertas de la cárcel. Entonces el ángel dijo a los discípulos que fueran al templo y siguieran predicando sobre Jesús.

¡Los discípulos sabían que eso enojaría aún más a los líderes religiosos! Pero déjame decir que cuando un ángel aparece y te dice que hagas algo, tienes que hacerlo.

A la mañana siguiente, un hombre se acercó corriendo a los líderes religiosos y les dijo: «Los hombres que pusieron en la cárcel están en el templo enseñando al pueblo» (Hechos 5:25). Y así fue, esos líderes se enfurecieron. Mandaron traer a los discípulos. «Les dimos órdenes estrictas de no continuar enseñando en este Nombre», dijo el sumo sacerdote (v. 28).

Pero Pedro no se retractó y dijo: «Debemos obedecer a Dios en vez de obedecer a los hombres» (Hechos 5:29). Los líderes mandaron que azotaran a los discípulos y les advirtieron otra vez que no volvieran a hablar de Jesús. Pero los discípulos no podían callar. Tenían que contarles a todos las buenas noticias de Jesús.

Es más fácil no decir nada sobre Jesús, pero la gente de este mundo lo necesita; necesitan conocer su amor y su verdad. Tienen que saber cómo ser perdonados y cómo ser hijos de Dios, y necesitan que *tú* se lo digas.

Algunas personas no querrán oír de Jesús. A algunas personas no les caerás bien porque hablas de Él, pero otras personas oirán, creerán y serán salvas. Todo porque no te pudiste quedar callado.

¡ES TU TURNO!

Hablar a otros de Jesús exige valentía. Está bien empezar con personas que conoces y después avanzar desde ahí. Practica hablando de Jesús a tu mamá y tu papá. Habla con un amigo. Después observa a quién trae Dios a tu vida y háblale.

93

DE NUEVO EN EL CAMINO

*Yo te mostraré el camino que debes seguir; yo
te daré consejos y velaré por ti.*

SALMOS 32:8 NVI

¿Alguna vez has tomado un camino equivocado? Quizá querías ir a la biblioteca, pero giraste mal y terminaste en el gimnasio. O quizá tu «camino erróneo» no tenía que ver con *ir* al lugar incorrecto. Quizá tenía que ver con *actuar* de la forma incorrecta, como tener una mala actitud o hacer cosas que no debías hacer.

Cuando tomamos el camino incorrecto, Jesús no alza sus manos y dice: «¡Vaya! Ese se me perdió». ¡No! Jesús intenta guiarnos por el camino correcto. Eso es lo que hizo con Pablo.

Antes de que Pablo conociera a Jesús, pensaba que iba por el buen camino. Se sabía todas las leyes judías del libro y quería asegurarse de que *todas* las personas cumplieran *todas* las leyes. No le gustaban esos cristianos que seguían el nuevo camino de Jesús en lugar de las antiguas leyes. Así que pasó sus días persiguiendo a los cristianos, ¡y mandándolos a la cárcel!

Un día, Pablo se dirigía a la ciudad de Damasco. Había oído que allí había muchos cristianos a los que podía arrestar. De repente, una luz brillante descendió del cielo, y una voz le dijo: «¿por qué me persigues?» (Hechos 9:4).

Era Jesús, ¡y Pablo se quedó aterrado! ¡También se quedó ciego! Sus hombres tuvieron que guiarlo hasta Damasco. Pero Jesús envió a un hombre llamado Ananías para sanar sus ojos y para mostrarle a Pablo el camino correcto por el que debía andar.

Después de eso, Pablo regresó de nuevo al camino. ¡Sin embargo, esta vez le hablaba a todo el que quería escuchar, y a unos pocos más, sobre Jesús!

Todos hacemos un mal giro en el camino de vez en cuando, y podemos terminar en el camino equivocado, pero Jesús siempre está ahí, siempre señalándonos hacia el camino correcto. Y siempre está feliz de vernos cuando regresamos a Él.

ORA

Señor, gracias por guiarme y ayudarme a
saber por qué camino debo ir. Amén.

94

TODOS NECESITAN UN «BIEN HECHO»

No salga de la boca de ustedes ninguna palabra mala, sino solo la que sea buena para edificación, según la necesidad del momento, para que imparta gracia a los que escuchan.

EFESIOS 4:29

«¡Estupendo!». «¡Lo conseguiste!». «¡Bien hecho!». ¿Quién no quiere oír esas palabras? No importa si tan solo resolviste el mayor problema de matemáticas de la historia de todos los problemas de matemáticas, si sacaste la pelota de béisbol del terreno, o si terminaste tus deberes antes de la cena, es muy agradable oír a alguien que te dice que lo hiciste muy bien.

Todos necesitan un «¡Bien hecho!» de vez en cuando. La Biblia llama a eso palabras de ánimo. Edifican a las personas y les hacen ser más fuertes.

A veces, animar es decirle a una persona el buen trabajo que hizo. Otras veces es decirle a alguien cosas como: «¡Yo creo en ti!», «¡Tú puedes hacerlo!» y «¡Esto es muy sencillo para ti!». Y también, a veces, es decir a *otras personas* lo bueno que es alguien. Eso es lo que Bernabé hizo con Pablo.

Pablo era conocido en todos los lugares por arrestar a los cristianos y meterlos en la cárcel, ¡o por cosas peores! Pero Jesús se encontró con él en el camino de Damasco y cambió toda su vida. Pablo supo en ese instante que ahora tenía que seguir a Jesús. Pablo estaba tan animado por seguir a Jesús, que quería conocer a otros cristianos y hablarles del Señor. Pero esos cristianos aún tenían miedo de Pablo. *¿Realmente habrá cambiado? ¿O era una trampa para arrestarlos también a ellos?* Fue ahí cuando Bernabé intervino. Todos conocían y confiaban en Bernabé; por lo tanto, cuando Bernabé les dijo que Pablo era un hombre que había cambiado y que podían confiar en él, ellos creyeron a Bernabé.

¿Sabes lo que significa *Bernabé*? «Hijo de consolación» (Hechos 4:36, NBV). Un nombre bastante bueno, ¿eh?

Dios quiere que todos sus hijos sean como Bernabé y animen a otros. Busca cosas que otros estén haciendo y anímalos. Anima a los que están intentando algo nuevo, desafiante o difícil, y di cosas buenas de la gente a los demás. ¡Que todos seamos un Bernabé para alguien hoy!

RECUERDA

Cuando *animas* a otros, les das el *valor* para ser
todo aquello para lo que Dios los creó.

95

EN UNA MISIÓN

Y el Dios de paz [...] los haga aptos en toda
obra buena para hacer Su voluntad.

HEBREOS 13:20-21

Jesús tenía una misión para Pablo. Jesús realmente descendió del cielo, se puso junto a Pablo, y le dijo lo que quería que Pablo hiciera. (¡Qué maravilloso fue eso!). «¡Ánimo!», dijo Jesús. «Así como has dado testimonio de mí en Jerusalén, es necesario que lo des también en Roma» (Hechos 23:11, NVI).

Jesús le dijo a Pablo que tuviera «ánimo» por una razón. Su viaje a Roma no iba a ser un viaje fácil. Comenzó con el arresto de Pablo. Después tuvo que salir a hurtadillas de la ciudad para que no lo mataran. Cuando finalmente Pablo se subió a un barco que se dirigía a Roma, era un barco de prisioneros, ¡y Pablo era uno de ellos!

Después, ese barco se adentró en una tormenta terrible que duró días. Todos pensaron que iban a morir. Menos Pablo. Un ángel vino y le recordó que estaba en una misión. Dios quería que fuera a Roma y Él se aseguraría de que sucediera.

Bueno, Pablo llegó a Roma. Hubo un naufragio, una mordedura de serpiente y un viaje a otro barco, pero finalmente, Pablo llegó a Roma, donde habló a muchas, muchas personas de Jesús.

El viaje de Pablo a Roma quizá no sucedió como él pensó que sería, pero sabía que Dios tenía un plan y una misión para él. Y confiaba en que Dios haría que sucedieran.

Dios también tiene un plan y una misión para ti. Quiere que les hables a otros de Él. Como Pablo, quizá tú también te adentres en algunos problemas tormentosos durante el camino. Quizá haya un naufragio o dos. Tus «naufragios» tal vez tienen que ver con perder tu puesto en el equipo, perder a una amiga o incluso perder a alguien a quien amas. Pero, al igual que Pablo, puedes contar con que Dios te ayudará a terminar la misión que tiene para ti.

¡ES TU TURNO!

Las misiones pueden ser grandes, enormes y lejanas, como viajar a Roma; pero también pueden ser cerca de casa. Pregúntale a Dios qué misión tiene para ti hoy.

96

DETENTE Y ENTRÉGASELO A DIOS

No se preocupen por nada; en cambio, oren por
todo. Díganle a Dios lo que necesitan y denle
gracias por todo lo que él ha hecho.

FILIPENSES 4:6 NTV

¿Alguna vez te has preocupado? Todos lo hacemos de vez en cuando. La preocupación es lo que sentimos cuando tenemos miedo de que pueda ocurrir algo *o* pueda no ocurrir algo, o de que las cosas no salgan como habíamos planeado.

La preocupación puede ser como una pequeña semilla plantada en nuestro pensamiento. Puede crecer y crecer y crecer, ¡hasta que se adueña de todo! La preocupación puede impedirnos hacer cosas que queremos o tenemos que hacer, y puede impedir que veamos todo lo bueno que está sucediendo a nuestro alrededor. Por eso, el apóstol Pablo escribió: «No se preocupen por nada».

Ahora bien, quizá estás pensando: *Para él eso era fácil de decir. Era el famoso «Pablo». ¿Por qué dificultades tendría él que preocuparse?* Bueno, por muchas, la verdad.

Cuando Pablo escribió «no se preocupen por nada», ¿sabes dónde estaba? ¡En la cárcel! Desde que decidió seguir a Jesús, la gente quería atraparlo. Lo golpearon y apedrearon varias veces. Los líderes religiosos lo odiaban. *Y* parecía que la gente siempre intentaba matarlo. Por lo tanto, sí, Pablo tenía muchas cosas por las que preocuparse... si quisiera preocuparse.

Pero, en la siguiente frase, Pablo nos dice cómo deshacernos de la preocupación: «oren por todo. Díganle a Dios lo que necesitan». Dios no te diría que le pidieras algo para después no dártelo. ¡Así que en Filipenses 4:19, Él promete darte todo lo que necesites! Y Dios siempre cumple sus promesas (Hebreos 10:23). Pablo lo sabía y ahora tú también lo sabes.

¿Qué te preocupa? Quizá encajar en el grupo o aprobar el gran examen. O quizá es el trabajo de tus padres, o alguien que está enfermo. Siempre que una pequeña semilla de preocupación intente plantarse en tus pensamientos, no la dejes crecer. En ese mismo momento, detente y pídele a Dios que se ocupe de eso que está intentando preocuparte.

¡ES TU TURNO!

Revisa un par de promesas de Dios para ti:
Salmos 121:1-2 y Mateo 28:20. ¿Cuál es tu favorita?

97

MANTÉN TU CUBO LLENO

Vivan [...] con paciencia, soportándose unos a otros en amor.

EFESIOS 4:2

Quiero contarte un pequeño secreto: *la vida es algo parecido a un cubo lleno de pelotas de ping-pong.* Ahora, espera un segundo; antes de que vayas a decirles a tus padres que estoy diciendo locuras, permíteme explicártelo.

Imagínate que tienes un cubo lleno de pelotas de ping-pong. Imagínate que ese cubo es como tu día y cada pelota de ping-pong que hay en tu cubo es un momento de felicidad que consigues en ese día. Siempre que alguien hace algo mal (o que tú *piensas* que es malo), y dejas que eso te ponga los nervios de punta, te enoje o te entristezca, *¡POP!*, desaparece una pelota de ping-pong.

- Tu hermano acapara el baño en la mañana, *¡Pop!* Ahí va una pelota de felicidad.
- Tu camiseta favorita está sucia. *¡Zap!* Otra que desaparece.

- El maestro anuncia un examen sorpresa. *¡Cataplof!* Una pelota menos en el cubo.
- Tu mejor amigo no te guarda el sitio en el autobús. *¡Zuf!* Adiós pelota.
- La caja de las galletas está vacía. *¡Plink!* Otra pelota que se va.
- Tu mamá te sirve la cena con coles de Bruselas. *¡Doble pop!* Espera… ya no quedan muchas pelotas en este cubo.

Una a una, las pelotas desaparecen hasta que toda tu felicidad se ha ido. ¿Cómo puedes ser más feliz o ayudar a otras personas a estar felices si tu cubo de felicidad está vacío? No puedes. ¿Cómo puedes mostrar a las personas lo maravilloso que es Jesús si tienes una expresión de enojo en tu cara? Tampoco puedes. Por eso el apóstol Pablo dijo: «Vivan […] con paciencia, soportándose unos a otros en amor».

Eso significa no perder los estribos, ni tu felicidad, por cada pequeña cosa. No esperes que otras personas siempre hagan lo que tú quieres. Y no esperes que sean perfectas. A fin de cuentas, probablemente tú tampoco eres perfecto. No vacíes tu cubo por cosas que realmente no importan. Mantén tu cubo lleno para que tengas muchas pelotas de ping-pong, quiero decir de felicidad, que repartir.

ORA

Dios, cuando las cosas no salgan como yo quiero, ayúdame
a recordar que puedo seguir siendo feliz, porque
puedo estar contigo. Amén.

98

SÉ FELIZ AHORA MISMO

Pues he aprendido a contentarme cualquiera
que sea mi situación.

FILIPENSES 4:11

¿Cuándo serás feliz? ¿Cuando llegue la hora de salir de la escuela? ¿Cuando al fin lleguen las vacaciones de verano? ¿O cuando consigas ese perrito que has estado deseando por tanto tiempo?

Quizá has decidido que serás feliz cuando metas el gol de la victoria, cuando anotes esa canasta o cuando rompas el récord de los cien metros planos. Quizá será cuando seas el mejor de tu clase, o tal vez cuando el bravucón te deje tranquilo o tu mejor amigo se mude otra vez a tu ciudad.

Puedes pasar toda tu vida esperando a que todo esté bien para que finalmente puedas ser feliz. Y, efectivamente, esas cosas pueden hacerte feliz por un tiempo, pero antes de que te des cuenta, habrá otra cosa que te faltará para ser «feliz».

Pablo tenía una forma distinta de pensar sobre ser feliz. Sencillamente decidió ser feliz. Pasara lo que pasara en su vida, Pablo decidió que iba a ser feliz. La parte realmente interesante es que Pablo decidió eso mientras estaba en la cárcel. Sí, ¡en la cárcel! En lugar de un perrito, él tenía un carcelero. En lugar de ganar los cien metros planos, estaba encadenado a una pared. Y en lugar de vacaciones, Pablo estaba esperando su libertad. ¿Cómo pudo Pablo decidir ser feliz en un lugar así?

Sencillo. Pablo no tenía una lista grande ni larga de todo lo que quería y necesitaba tener para poder ser feliz. Al contrario, él tenía una lista muy corta. De hecho, era tan corta que solo consistía en una cosa: Jesús. Pablo tenía a Jesús y Él era suficiente.

Entonces, ¿cuándo vas a ser feliz? Si tienes a Jesús en tu vida, ¿por qué no decides ser feliz ahora mismo?

RECUERDA

Si tienes a Jesús, ¡tienes todo lo que necesitas para ser feliz!

99

HOGAR, DULCE HOGAR

Una cosa he pedido al Señor, y esa buscaré: que habite
yo en la casa del Señor todos los días de mi vida.

SALMOS 27:4

L a gente dice «hogar, dulce hogar» por una razón. Es porque el hogar es, por lo general, un lugar muy bueno en el que estar. *Hogar* es más que una casa o un apartamento. Es más que solo un sitio donde vivir o una dirección postal.

Tu hogar es donde te sientes seguro y amado. Allí no hay necesidad de preocuparse ni de temer. Hay alguien que te protege, te cuida y te da muchos abrazos.

Tu hogar es donde puedes estar cómodo. Puedes recostarte en el sofá, rodar en el piso y extender tu tarea en la mesa.

Tu hogar es donde conoces el camino. Sabes dónde están las galletas y la leche. Y sabes que puedes agarrar algunas, mientras que no sea la hora de la cena claro.

Tu «hogar» quizá lo tengas justo en el lugar donde vives, o quizá es en casa de tus abuelos, de un amigo, o quizá en la clase de tu maestro favorito. Sin embargo, el *hogar* no siempre es un lugar. Es también una persona: Jesús. ¿De qué manera es Jesús un hogar? Lo es porque con Jesús...

Puedes sentirte seguro y amado. Él siempre te está cuidando. Puedes entregarle todas tus preocupaciones y temores. Él te envolverá con su amor como dándote un gran abrazo.

Puedes estar cómodo. Puedes estrellarte en el sofá, echarte en el piso o encorvarte en la mesa mientras hablas con él.

Conoces el camino a tu alrededor. Sabes exactamente dónde encontrarlo, no importa la hora que sea. Y sabes que puedes pedirle ayuda en cualquier momento.

Jesús siempre te da la bienvenida y, a diferencia de las casas o los apartamentos a los que te puedes mudar o de los que te puedes ir, Jesús es el hogar que puedes llevar contigo dondequiera que vayas.

ORA

Jesús, ayúdame a encontrar mi hogar en ti. Amén.

100

QUIÉN ES DIOS
EN REALIDAD

Den gracias al Señor porque Él es bueno,
porque para siempre es Su misericordia.

SALMOS 136:1

A veces se nos olvida quién es Dios en realidad. Él no es solo alguien sobre el que cantamos ni tampoco es otro personaje de las historias de la Biblia. ¡Él es el Señor real, vivo y todopoderoso de todo lo que existe! Y *eso* es algo por lo que podemos regocijarnos. ¿Qué significa *regocijarse?*, preguntas. ¡Significa *celebrar*!

No importa lo que esté ocurriendo a nuestro alrededor, podemos celebrar lo que Dios es. ¿Y qué es Dios? Él es el que creó todo el mundo, ¡todo el universo, mejor dicho! Dios lo hizo todo, desde las hormigas y los elefantes, hasta las estrellas de mar y las estrellas del cielo. Él es el que colgó el sol y la luna en el cielo y les dijo que alumbraran. Los leones rugen, los perros ladran y los caballos relinchan porque Dios les dio sus voces y les dijo qué decir. Él hace que las semillas broten y las olas salpiquen. Fue Dios quien enseñó al guepardo a correr más rápido que el viento y al águila a volar tan alto. Y fue Dios quien nos creó a ti y a mí. Dios es el Rey de toda la creación. Él no tiene principio ni final. Él siempre ha sido. Dios nunca cambia, es siempre bueno, amoroso y amable. Él conoce la respuesta a cada pregunta, ¡incluso las que aún no te has hecho! Nada es difícil para Él.

Dios tiene el control y es realmente importante saber eso, porque cuando llegan los problemas, muchas personas se preocupan, se enojan o tienen miedo. Pero los cristianos no tienen por qué sentir eso. Sabemos que Dios tiene el control y sabemos que Él siempre cuida de nosotros.

Dios es más poderoso que cualquier problema. Él es más grande que cualquier dificultad. Él es más fuerte que cualquier lucha. Así que no tienes que preocuparte ni tener miedo. ¡Mejor regocíjate y celebra!

¡ES TU TURNO!

¿Cuál es la mejor forma de celebrar a Dios? ¡Alábalo! Escribe una lista de todas las cosas que Él ha hecho por ti hoy. Después haz una oración agradeciéndole por esas bendiciones.

NOTAS

1. Frederick Dale Bruner, *Matthew: A Commentary* , vol. 1, *The Christbook: Matthew 1–12* , rev. y exp. ed. (Grand Rapids: William B. Eerdmans, 2004), pp. 29-30.

2. Kenny Howell, «21 Fascinating Appalachian Trail Facts», The Trek, 10 de abril de 2014, https://thetrek.co/appalachian-trail/21-fascinating-appalachian-trail-facts/.

3. Bill Bryson, *A Walk in the Woods: Rediscovering America on the Appalachian Trail* (Nueva York: Random House, 1998), p. 161.

4. Zach C. Cohen, «Bill Irwin Dies at 73; First Blind Hiker of Appalachian Trail», *Washington Post*, 15 de marzo de 2014, https://www.washingtonpost.com/national/bill-irwin-diesat-73-first-blind-hiker-of-appalachian-trail/2014/03/15/a12cfa1a-ab9b-11e3-af5f-4c56b834c4bf_story.html?utm_term=.23d11af6b3c2.

5. Henry Blackaby y Richard Blackaby, *Being Still with God: A 366 Daily Devotional* (Nashville, TN: Thomas Nelson, 2007), p. 309.

ACERCA DEL AUTOR

Desde que entró en el ministerio en 1978, Max Lucado ha servido en iglesias en Miami, Florida; Río de Janeiro, Brasil; y San Antonio, Texas. Actualmente funge como ministro de enseñanza en Oak Hills Church en San Antonio. Ha sido galardonado con el ECPA Pinnacle Award de 2021 por su destacada contribución a la industria editorial y a la sociedad en general. Es autor inspiracional de éxitos de ventas en Estados Unidos con más de 145 millones de productos publicados.

Visita su página web en MaxLucado.com
Facebook.com/MaxLucado
Instagram.com/MaxLucado
Twitter.com/MaxLucado
Youtube.com/MaxLucadoOfficial
The Max Lucado *Encouraging Word* Podcast